奋进！领导力

卓越领导力的八项素质维度

ON！ ACHIEVING EXCELLENCE IN LEADERSHIP

魏子安的自述

「加」魏子安（JOHN WESTON）…著

周烨 …译

JOHN WESTON

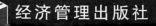

经济管理出版社

北京市版权著作权合同登记：图字 01-2020-5473

图书在版编目（CIP）数据

奋进！领导力/魏子安著；周烨译. —北京：经济管理出版社，2020.6
ISBN 978-7-5096-7175-7

Ⅰ. ①奋… Ⅱ. ①魏… ②周… Ⅲ. ①领导学 Ⅳ. ①C933

中国版本图书馆 CIP 数据核字（2020）第 100365 号

组稿编辑：杨国强
责任编辑：杨国强　张瑞军
责任印制：黄章平
责任校对：王淑卿

出版发行：经济管理出版社
　　　　　（北京市海淀区北蜂窝 8 号中雅大厦 A 座 11 层　100038）
网　　址：www. E-mp. com. cn
电　　话：（010）51915602
印　　刷：北京晨旭印刷厂
经　　销：新华书店
开　　本：720mm×1000mm/16
印　　张：14
字　　数：207 千字
版　　次：2020 年 8 月第 1 版　2020 年 8 月第 1 次印刷
书　　号：ISBN 978-7-5096-7175-7
定　　价：68.00 元

挑战性的问题：为何要读此书？

当浙江外国语学院老师暨浙江大学中国海洋文化传播研究中心负责人周烨教授向我表示，他与他的团队有意将原书翻译成中文出版时，我感到十分的荣幸，欣然同意授权。同时我也得到两位中国台湾友人——我昔日的中文老师吴双兰女士与多年从事中英翻译工作、经验丰富的李敞教授热心协助，促成此事。他们都认为本书值得翻译推荐给中国读者，但阅读一份前加拿大国会议员的自述对中国读者究竟有何裨益呢？

今日我们处在一个资讯爆炸的时代，我们无时无刻不受到各种资讯的冲击，有时这种冲击已超出我们所能消化的程度，以致影响到我们对个人、对社会做出良好决策的能力。尽管有许多便利与好处，如潮水般涌来的资讯让我们越来越没有时间去考虑，如何规划个人生涯、服务社会等大事。一旦失去了对核心价值的关注，我们很容易地就会在Facebook、Instagram、Twitter等的浪潮冲击下失去了自我——失去了思想的自主、失去了

行为的自主、失去了身份的自主。

本书中各个故事所代表的意义

本书中各个故事都反映出个人处于"奋进"状态下的方方面面，故事的开展再也平凡不过，这是一个加拿大人，一个国会议员的故事，也是一个儿子、一个父亲、一个邻居、一个朋友、一个社会人的故事。

对年轻人有何裨益？

周教授与我认为当今世界的年轻人，包括中国的年轻人，普遍感到孤独、无力、困惑、无助、不安、焦虑。这些人需要得到一些方法来塑造他们的人格，发展领导做事的技巧。中国的青年有无尽的机会，也面对着种种威胁，他们可以从本书所探讨的八项核心价值中得到一些启发，这些价值对有志服务社会的年轻人尤为重要。

我们大多数人都低估了自己在家庭、在社会、在国家中作为领导的潜力。随着资讯越来越泛滥成灾，不断的改变成为常态，我们更需要勇敢地认清自己的价值所在与价值的轻重。如果你能将目光专注在本书所列举的各项价值上，那你就是在追求卓越的人生。如此一来必定有助于你为自己、为身旁的人取得成功。

什么是"成功"?

我们说"要为自己取得成功",但这究竟意味着什么?本书有意激发对"成功"的新思考。我坚信真正的"成功"是超越个人范围的。衡量成功的标尺不仅是个人的成就,它也包含了你对社会环境所发挥的正能量。

对国家来说,"成功"不该仅以军事或经济的力量来衡量;对个人来说,它不该仅以财富来衡量,更应该衡量的是生理与心理方面的健康。这是本书无处不强调的主题。我们有没有在生活中留出与神及宇宙沟通的余裕?本书所论及的价值认定心灵发展是整体"成功"的主要成分之一。追求心灵发展的人往往想得比较远,愿意为长久的幸福忍舍一时的满足。本书要说的不仅是如何取得成功,也是如何接受失败。失败是不可避免的,尤其是对目标远大的人来说。本书中的故事说明了失败绝不是终极的绊脚石,而是通往成功的学习经验,正所谓"失败为成功之母"!

具备双重文化前瞻的好处

本书的好处之一在于作者和译者皆兼具中国与加拿大文化的背景。我的父母曾在亚洲居住过 10 年,在我成长过程中身边有许多中国亲友与中国文物。我在中国台湾邂逅我的妻子,一位能说一口流利普通话的高加索人种女子。我们一起在亚洲生活了 10 余年,迄今我们在生活与社交活动中仍然会使用到中文。

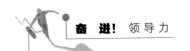

我们也把中国文化传递给了我们的三个子女。

周教授作为一位中国文化产业专家，具备相对称的双重文化目光，正是翻译本书的最佳人选。他目前正在温哥华的 UBC 大学以访问学者的身份从事研究。

中国文化中有一点对我冲击很大，那就是对时间的看法。当被问到 1798 年的法国大革命对中国有何影响时，周恩来总理说："目前还很难说。"不管周总理的话本意为何[1]，有一点是很清楚的，依照中国传统的看法，个人生命的意义要在盖棺之后才能有定论，后续的影响比人生的过程更重要。

传统的基督教思想看法也相同，强调"永恒"的时间意义，而非人生的过程[2]。当今世界人欲横流，许多人汲汲于追求即刻的满足，在西方尤其如此。这与基督教和中国文化的传统大相径庭。

本书所强调作为良好决策指挥的各种价值，都倾向于将目光放远。自由、责任感、平等、同理心、正直心、勇气、健康、决心——无不需经时间的锤炼。读者若把目光放得越远，便越能掌握立基于价值的决策之重要性。

中加两国人民有许多可相互学习的地方

周教授与我都相信中加两国人民有许多可彼此学习之处。我们怀着谦卑的态度，不揣冒昧地推出此书，将我们对"领导

---

① 《南华早报》［EB/OL］. https://www.scmp.com/article/970657//Not-letting-facts-ruin-good-story，2019.10.13.

② 《圣经·新约·腓立比书》第三章中记述圣保罗也曾经经历此种困惑。

力"的理解与读者分享，希望能对你们有所裨益。

我们相信，如果中加两国人民都能重视这八种价值，必定可以共同为自己、为彼此、为全世界人创造出一个更美好的未来！

中国与加拿大的紧张关系

在我执笔之际，中加关系正陷入 30 年来从未有过的最低潮。本书的话语能否跨过这道鸿沟？

有鉴于两国长久以来深厚融洽的关系，多数国际观察家都认为这种紧张是"毫无必要"的。我个人的看法大为不然。我认为双方之间的热烈争吵是通往更健康关系的必经之路。

依我个人从政经验的体认，世上没有十全十美的政治体制。加拿大民主政体固有其基本强处，但也暴露出许多不足。同样，当下中国的制度也有不完善之处。在目前这种尴尬、短暂、紧张的历史时刻，中加双方正有许多可向对方取经的机会。

当下，中加两方政府间的矛盾已经影响到两国人民的互动与交往。双方政府务必设法解决这些矛盾，方能符合两国人民的利益。其实我们两国之间存在着许多紧密的联系，诸如相互投资、人民来往、多元的贸易关系、对世界和平的承诺等。

双方政府若能将目光专注于价值之上，必能快速解决冲突；反之，若双方都着眼于个别境况与人物，则只会治丝益棼。尤其是，双方若皆能诚心谅解对方的立场，必能取得良好的结果。强调"价值"可以增进决策的公平与品质。

对读者的期望

我希望你是一位认真的读者。如果你是的话，请问自己两个问题：换作是你，你会怎么做？如果你处于我的境况，你要如何做才能为上帝、为社会、为自己争取更大的成功？

祝愿你阅读愉快！

祝愿你人生奋进！

魏子安

2019 年 10 月 31 日于温哥华

始于理性的"开挂人生"

现在的中国正无限接近世界舞台的中央，习近平总书记提出的"人类命运共同体"意识，树立了新时期中国开放包容与互利合作的核心价值理念。伟大的民族生生不息，改革开放以来的中国日夜拼搏，成为塑造新型世界文明的主角之一。

然而，在这个高度数字化的世界里，很多人把获利作为最终的人生目的，忽略了生活原本的责任与道德。许多学者都在思索回到雅斯贝尔斯所描述的"轴心时代"起点，在技术与欲望不断突破人类底线的"无思时代"，呼唤能引领时代进步的"新轴心主义"伟大思想。虽然，本书阐述的内容离引领"新轴心时代"还相去甚远，但是所探讨的领导力价值维度与理念问题，重新回到了古希腊、中世纪、近代的西方哲学，通过作者魏子安（John Weston）的研究、经验与智慧，在他者的视野下提供了如何回归传统与实践思想的鲜活样本与案例。

　　本书的关键词"奋进"，意指处于警觉的状态，磨砺以须，泰然自若，准备赢取胜利。如果用近年的流行语"开挂"来形容，再贴切不过。如何激活"奋进"的种子，又如何鼓励别人也培养这些素质？如何修炼自身理性开启"开挂人生"，并影响周围人"与整体社会共同奋进"？本书各个章节通过故事展开了魏子安先生既平凡又非凡的经历，展现了他的领导力思维与生活哲学。

　　反思理性，就是我翻译这本书的初心。当我惊叹于魏子安先生从一败涂地的大选中，从遭受损失、挫折、失望、离别等苦难中，悟得领导力思想并付诸于行动的生活态度，以及看到他为自己及身边人不断追求卓越的过程，我就下定决心要把这本书带给中国的"后浪们"。海德格尔讲，当我们意识到没有思想的时候，才去追求真正的思想。那些正经历孤独、困惑、焦虑、不安，被物质欲望逐渐带偏而远离反思理性的中国年轻人，需要一些找到灵性的理念与塑造人格的方法，本书的八种领导力价值维度能够架起由传播领导力思想到付诸领导行动的领导力生活方式之间桥梁，通过正直心、责任感、同理心、勇气、自由、平等、健康、决心这八道"大餐"，以故事的形式，激励你们，一同奋进。

　　衷心感谢李敞教授的指导，吴双兰老师的协助，以及翻译、校对团队成员莫丹琳、赵丽漫、樊佳瑄、倪小薇、马红艳，在大家的努力之下，此著作得以翻译并推荐给中国读者。

　　思想的创造与事实真相的创造不同，我们只能在发现事实真相上不断努力。期望这本书能带给读者对现状反思的理性，对未来目标的判断，通过品尝领导力的"八道大餐"，咀嚼百味人生，安放有趣灵魂。

周　烨

于杭州华家池，一夕间已是秋

2020 年 8 月 8 日

Contents | **目录**

导论 / 1

你可能不会相信，2015 年 10 月 19 日的惨败是我们生命中最美好的一年开始。这个"我们"是指我的妻子唐娜（Donna）和我本人。此次败选突然结束了我的国会议员（MP）生涯，从此我无法再代表一个世界上最多彩多姿、最有意思的选区人民参政议政。2008~2015 年，我是加拿大国会众议院中一个名称最长的选区所选出的议员。这个选区的全名是西温哥华—阳光海岸—海天地域（West Vancouver–Sunshine Coast–Sea to Sky Country）。从多数的风评看来，我算是一个成功的立法者。在我任内手下辖有四个繁忙的办公室，所通过的个人提案在全体议员中排名第二，为我的选区带来了大规模的投资，并启动了数个国家级的项目。更重要的是，我拥有一个由充满活力，能力超强的优秀员工与志愿者组成的团队。

原本胜券在握的竞选失利后，你很难相信会有什么好事紧随，更别说什么"人生中最美好的一年"！

这个问题你可以去问问迈克尔·福克斯（Michael J. Fox）。他怎么会把主要是描述自己得了帕金森氏症的自传命名为《幸运之人》（*Lucky Man*）呢？你又怎能相信兰斯·阿姆斯特朗（Lance Armstrong）在他的自传《非关单车》（*It's Not about the Bike*）中所述的自己为患了癌症而感到喜悦？

在现实生活中，你很难相信挫折使人奋进一说。但那确实是我的经历写照。

在那时，我确实没意识到竞选失利带给我的成长。事实上，我花了几个月时间才从败选的阴影中走出来。在那段时间里，我不得不停用我的办公室，解散我挚爱的团队，中止了许多我参与的项目，去寻求一个新的身份。的确，不管我如何挣扎反抗，却终究无法逃脱一个领导人物常易跌入的陷阱：经常将工作上的身份带入生活中，难以从领导者的角色中跳脱出来。这就是为何，说到底，我对败选这件事心存感激，因为我无法想象自己会主动辞掉国会议员的职务。

要想恢复自己生产力的唯一途径是重操三十年前的旧业，重新穿上律师袍，于是我再度参加了卑诗省（B. C.）的律师资格考试，那可不是一件小事。卑诗省律师公会要求我必须通过考试才能重披法袍，我必须复习多达 1200 页的法律规章，其中大部分与我往日的执业范围无关。即便是那些我所熟悉的范围，许多法律见解都已发生了变化。我必须努力用功学习，而结果还不一定成功。当我向我的孩子们请求给我"用功时间"的时候，他们都感到非常意外，印象深刻。这段努力的过程让我回想起自己走上法律之路的初心。一部以司法正义为题材的好莱坞电影《杀死一只知更鸟》（*To Kill a Mockingbird*）让我铭记法律的无上崇高。后来，我到铭伦律师事务所（McMillan LLP）任职，该事务所在我所居住的城市（温哥华、渥太华），以及我的客户所在城市（香港、多伦多、卡尔加里和蒙特利尔）都设有办事处。与此同时，我也参与了铭伦新成立的公共事务所 McMillan Vantage。工作方向与专业两者高度匹配。

引发我撰写本书的动机有许多，其中最重要的是想为我的孩子们灌输一些良好的价值观。随着年岁的增长，我发觉自己越来越珍视作为父母的角色。同为父母的家长们或许更能对我说的这句话产生共鸣。

本书孕育自挫败与失望，但其根源其实更为深远。发轫之初远在 2015 年之前。事实上，早在 2011 年，我便开始给三个可爱的孩子魏台山（Shane）、魏高山（Jake）、魏洁茹（Meimei）写家书。我开始投身公共事务之时，他们都还在读小学。他们对于有个虽然深爱他们但总是不在家的父亲这件事，感受良多。我补偿他们的方法之一是把自己一路走来对人生的感悟，写成家书，寄给他们。这些家书多半围绕某些共同的主题，而这些主题最后成了本书各章节的题目。

然而，在给孩子们写信的过程中，我发现自己很大程度上是在抗争那些真正引起我反感的新潮流。观察所及的方方面面，远远超过我家人的经历。

本次加拿大国会选举，我败选的最大原因是国内政治潮流改变。当时加拿大人普遍抵制斯蒂芬·哈珀（Stephen Harper）（原加拿大总理，属保守党），拥护新总理贾斯廷·特鲁多（Justin Trudeau）（现加拿大总理，属自由党）。一场"政治红潮"席卷了国会，包括我在内的许多保守党成员纷纷落马，而迎来了自由党人上台。与前任总理的个性完全不一样的特鲁多是最大的受益者。

在美国，一场喧闹的总统选举标志着巴拉克·奥巴马（Barack Obama）8 年任期的结束，取代他的是标新立异的唐纳德·特朗普（Donald Trump）。无疑，至少在外交事务上，奥巴马犯过一些重大错误，但他凭借自己的高尚、智慧和口才，赢得了对手的敬重。2017 年 1 月，奥巴马于芝加哥发表告别演说，他鼓励众人，不要只会批评领导人，而要自己站出来，拿起纸板，找人签名支持，去竞选公职。他从另一个角度指出了，人人都有承担领袖义务的责任。如果你遭受挫败，更应继续奋进。

近年来，许多现象让人反感。无论你的政治倾向为何，你都会发现公众仿佛越来越频繁地对身处高位者进行尖锐的指责与反驳，人们开始对幼稚的行为做出反应。看起来，这次美国总统大选比的是谁更不讨厌，而不是谁能赢得更多正面的支持。

凭直觉与经验，我们知道当自己朝着一个目标坚定地"奋进"时，无论是运动员、商人、员工、父母、老师、教练、改革者、作者、艺术家还是领导者，你都会表现出自己生命中最好的状态。通常，我们称这种情况为"一切尽在掌握中"。本书（英文版）的标题"ON"意指我们处于警觉的状态，磨砺以须，泰然自若，准备赢取胜利，或者至少打一场漂亮的仗。

或许你可以想象一下：当你的身体各个机能处于最好的状态时，你的表现结果往往超出自己的最佳预期。我还记得在小学六年级的一场比赛中，我从球场的角落投出一球，球"嗖"的一声飞出去，那一刻全场观众屏住了呼吸。当我处于最佳状态时，好像整个世界都聚焦在我身上，我知道自己肯定会进球。

与单词"OFF"作对比，有助于我们理解本书关键词"ON"的含义。试想"OFF"是当我们不喜欢、不认可、拒绝、封闭、扼杀创造价值动机时的状态，而"ON"的含义则与它相反。

　　作为个人和社会，我们要如何远离"OFF"？而"ON"的组成部分又是什么？我们又如何不断地加强这些要素？当我们确认了这些要素之后，又如何为自己培养这些激发"ON"的种子呢？我们又如何能够鼓励别人也培养这些素质？在教室、工作场所、运动团队和公共事务上出现的领袖，我们能从他们身上看见什么共性？我们的人民要如何从"对领导者作呕"转变为"与整体社会共同奋进"呢？

　　本书从两个题目相关的章节开始："正直心"和"责任感"。"正直心"一章不仅阐述了诚信，它还迫使读者思考生活中的各个层面——无论公开的或是私密的，以及与同事、对手或媒体的关系。如果正直意指慎独，那么你要如何开展一个由诚信构筑的，足以应对各种挑战的人生？

　　"责任感"与"正直心"一般需要培养。要想成为一个有责任感的人，你必须清楚自己需要对谁负责，并为之付出行动。责任通常需要长期承担，你必须意识到自己的行为所产生的后果。人越年轻，就越难预料到长期的后果。

　　"正直心"和"责任感"就像连接人身体的骨架，就算骨架稳固，但缺少了优质的心脏和血液，人也难以存活。"同理心"正是健康社会的心脏与血液。这意味着我们要关注别人，而非仅关注自己；意味着要照顾邻居；意味着超越所有差异，及时伸出援手。

　　下一章节的题目是"勇气"。和其他章节一样，勇气要靠一些佳话与逸事来传递它的本义。你一定认识一些有骨气的人，他们愿意站出来、愿意付出代价、愿意做出改变、愿意点燃那

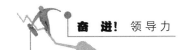
根蜡烛，他们是能照亮社会和世世代代的人。相信你会喜欢在本书中遇见的一些人，包括那些以"勇气"闻名的人。

　　克里斯·克里斯托福森（Kris Kristofferson）的歌曲《我与鲍比》（*Me and Bobby McGee*）在 20 世纪 70 年代轰动一时，歌中的名句说："自由是一无所有的代名词。"我们谈论自由，我们歌唱自由，但我们知道自由究竟是什么吗？通常情况下，首先要理解压迫的含义，然后才能理解自由。这听起来很悲哀，但如果不这样，人们都会把自由视为当然。在本章中，你会遇见那些宣扬自由的英雄，也会发现自己开始思考，如何务实地在自己的社区和国家内促进自由。

　　就像"自由"一样，"平等"也很容易被认为是理所当然的，在我生长的国家加拿大尤为如此。大多数人认为自己与他人平等，宽以待人是人间正道，但我们绝不能把平等看作理所当然，一如自由。"平等"这一章，指出我们有多么容易辜负对方的期待，也让我们知道争取人人平等的机会有多难，需要我们不懈的努力。

　　你可能会因为本书中把"健康"与"平等"、"自由"以及其他价值观并列而感到吃惊。但早在罗马时代，哲学家们就认为：想拥有一个健康的头脑，首先要有一个健康的身体。基督徒说"身体是一座神殿"，即暗示灵魂可能也和健康有关[1]。一方面是由于西方社会的"四肢不动"危机，另一方面是由于我个人对提倡健康与健身的兴趣，本章深入探讨了健康的重要。

　　所有的主题最终都凝聚在"决心"这一章节。即使是极具活力的领导人或是品德至高无上的人，也需要有计划地安排自己的行程，以便实施计划，取得良好结果。在安排自己的生活以及领导别人上，都应如此。

当前政治领导者的言论和行为为此提供了例证，但本书的核心在于塑造价值观和追寻卓越，为了你自己，也为了你身边的人。

拿起这本书，你就接受了我的邀请，去为自己创造一个全新的愿景。它会促使你珍惜你所爱的人；超越自我标榜去为他人服务；放下骄傲；找到灵性；帮助你的社区；改善自己的生活。这也是一个危险的尝试。如果你敢于踏上这段对自己和社区有巨大影响的旅程，你要做好在途中可能历经险阻的准备。本书是为那些锲而不舍的人准备的，他们已下定决心坚持、确认相关的价值创造愿景，并且坚持不懈地去实现它。任何致力于这样一段旅程的人都能够拓展自己的能力，从而以积极的方式影响这个世界。

任何人要完成一件有价值的事情都需要付出代价。从本书的故事中可以看到，我已从失败中得到了教训。我曾一败涂地，感到恐惧，我曾让自己和别人感到失望。然而正因为有了这些失败，才使我认识到领导力的重要性。从某个不可思议的角度来看，我认为你无法在不遭受损失、挫折、失望、健康危机或破产的情况下，为自己或这个世界做任何伟大的事情。正是这些经历塑造了你的品格，让你发现自己的缺点，并使你依靠那些关键价值，带你飞越最黑暗的山谷，从黑暗走向光明；期待那些挫折，准备迎接它们，珍惜它们，坚持下去，坚持你自己的愿景。

准备奋进！更要激励他人，一同奋进！

（且把这八种价值观比作八道大菜，容我为你一道一道端上，现在开始上菜啰！）

7

上！"正直心"

在加拿大和美国，"正直心"如今正备受践踏。加拿大参议员麦克·杜飞（Mike Duffy）之案令大众不断质疑政府官员的诚信度。新任总理贾斯廷·特鲁多以他的平易近人和青春活力另辟蹊径，获得支持。然而，他还是令所有人，乃至他的支持者失望了——在财政赤字与选举制度改革方面，他都食言了，没有做到选前的承诺。再往南看美国，特朗普总统对真相视若草芥。在充满谎言的总统选举中，"事实查证"成为新的热点。"后真相"一词甚至被收入牛津词典的 2016 年度词汇 [2]。

当年的诚实为金，早被淡忘。我们深感无力。如今，情绪高涨，真相沉沦 [3]。人们怀疑希拉里·克林顿（Hillary Clinton）对选举期间的邮件门和肺炎事件并未坦诚。唐纳德·特朗普则在推特上口无遮拦。

"正直心"是成败的关键。《圣经》十诫里，上帝教导人们，"不可作假证害人"；家长教孩子说实话；法律要求法庭上只存真言；同时惩戒那些违背信用之人；诈骗会带来法律后果。科学的方法要以客观事实为依据。我们作财经决策时，依靠的是真实的信息而不是谎言。好政策从数据出发，而非依赖神话。

弗朗西斯·福山（Francis Fukuyama）的《信任》（*Trust*）一书，点明了"正直"对创造财富的重要性。他总结，人们相互信任的程度与繁荣富足有着直接关系，充满信任的环境下，你才能广纳贤才、扩大队伍。弗朗西斯·福山的结论说明：信任与真实不仅是人格的保障，同时也是财富的基石。

什么是"正直心"？

正直（integrity）一词来源于拉丁词汇"integer"，意为"整体"或"圆满"。正直之人，独立、完整，不会随波逐流、随俗浮沉。

正直与诚实（honesty）不同，除了实话实说外，还蕴含着更多的含义。当我和彼得·摩根（Peter Mogan）、杰米·博雷（Jamie Bleay）、德里克·克瑞顿（Derek Creighton）一同创建法达（Access Law）团队时，就意识到了这一点。早在创立律师事务所前，我们花了很多时间去达成共识，希望用共同的价值观来建造我们的律所。我们以家庭或个人形式多次会面，甚至进行了一次彻夜长谈后终于决定，我们共同的事业追求将基于"正直"、"同理心"与"给力"。对于"正直"，我们这样定义：

"对于我们来说，'正直'不仅意味着说实话、做实事，更体现在我们行为和人格的坦率中。对待客户，我们不能戴着刻板的职业面具，而应真诚相待，这点至关重要。[4]"

我们的真诚结出了胜利的果实。律师事务所发展活跃至今，而这长久成功的关键，正是信任。无论何时，我对法达律师事务所中每个律师负责的案子都有信心。客户的需求千百种，但有一点是相同的，他们可以仰赖每一位专业律师的"正直心"。

正直心——领袖的卓越财富

说来讽刺，史蒂芬·哈珀曾是我们时代里最诚实勤奋的领袖之一。然而，直到总理任期的最后阶段，他的正直仍遭受质疑。从某种角度来说，这是无法避免的，时间总会在每个人的政治生涯里留下伤疤。在十余年的领导生涯里，面对极度刁难的检验与无情批评，即使圣人也无法永远维持卓越。

在细数哈珀的政绩缺失前，请允许我列举一些他令人钦佩的功绩。他在就任总理之后颁布的第一条法律，是 2006 年的"问责法案"。它大大地降低了金钱对加拿大政治人物的影响，公司和组织的捐赠完全遭到禁止，一分钱都不行。个人捐赠额也被限制在 1000 加元以下（在 2017 年，个人捐赠限额涨到了 1550 加元）。试想，这意味着什么？在美国，当一位国会议员向当地商会发表演说时，那位百万元级的金主必然会得到特殊重视。而在加拿大，无论多有钱的人，能捐赠的数额都被限制在 1000 加元以内。可以说，这项法案翻天覆地地扭转了政治领导对捐赠者的态度。

对于收受礼物，哈珀也制定了不容变通的规定。在 2010 年奥运会及残奥会期间，这项规定就让我受到了两次考验。赛前，哈珀强调，保守党国会议员应同大众一样付费买票。这规定对我们一家来说更是大考验，因为所有的公路场馆和 70% 的赛事活动都在我的选区内。赛事期间，议会和学校都放假了。我们一家住在惠斯勒市（Whistler）的公寓里，被热烈的赛事气氛笼罩着。我和妻子唐娜例行按市场价买了一些活动的票。

就在开幕式前，我和唐娜出席了位于市中心一家酒店的奥运招待宴。那里政要云集，其中一个主办人是我熟人，他向我迎来，给了我两张开幕式的 VIP 门票。这可是整个奥运期间最为抢手的票，有了它我们就能坐在美国副总统乔·拜登（Joe Biden）、加州州长阿诺·施瓦辛格（Arnold Schwarzenegger）、加拿大总理哈珀以及其他各国政要附近。我咽了咽口水，但随后还是追上那个朋友，把票还给了他。当晚，我和唐娜只能带着落寞的心情，坐在电视机前观看奥运会开幕式。

奥运会即将结束之际，我们又遇到了相似的情况。时任西温哥华市长的帕米拉·戈德史密斯·琼斯（Pamela Goldsmith-Jones）组织了一场宴会，其中的抽奖活动将宴会推向了高潮，奖品是两张男子冰球决赛的门票。这位市长在 2015 年成为自由党候选人，就是她在选战中击败了我。当然，这是后话了。当时在宴会上，我们只知道，她将送出这全城人都趋之若鹜的门票。伴随着一声"Donna Weston!"的呼声，获奖者被选出，我的妻子成为了这次的赢家，她看向我，满脸喜悦。所有在场的人都大声鼓动我们接受这份奖品，但我摇了摇头说："我们不能接受这份礼物！"唐娜的面色立刻阴沉了下来。

在这两个例子中，法律虽允许我们收下门票，但我们必须贯彻哈珀总理的规矩，以身作则，彰显"正直"这一超越法律的品格。作为一个公职人员，我不会接受任何渠道的门票赠品。即使唐娜明白其中的道德红线，当晚回家后，她还是对我很冷漠。

虽然相比于你在报纸上看到的政治人物收礼受贿的丑闻来说，这些例子不值一提，但这背后的原则才是最紧要的。对当选官员来说，他们因收受礼物而遭到的公众怀疑，会令他们的执政过程受到不当影响。领袖们容易忘记，他们的礼物，通常来自他们的地位和头衔。一旦牵涉到公众事业，他们必须对贪污零容忍，对收礼应谨慎。

长年来，哈珀牺牲了个人的利益，保全了人格的正直。2013年，他出版了一本关于冰球的书——《了不起的运动》（*A Great Game*）[5]，并将所有利润捐作慈善。他还以身作则地砍掉了自己上百万元退休金[6]，以促进减少国会议员退休金的议题。

哈珀的"正直心"理应给他带来永久的尊重。但是在2015年的大选前夕，我遇到不少他的质疑者。这些质疑，来源于他无力掌握的不正当指控。然而，无论我多么钦佩他的领导力，他所犯下的三项错误还是值得我们反省：他夸下海口，做出承诺却不能兑现；他面对指控却无法抗争；他没能把握最终话语权。

只做你力所能及的承诺

哈珀于2006年当选加拿大总理。在大选时，他允诺无条件减免收益型信托的税赋。预测他会当选的人们，纷纷转移了资产。大企业将资产迁移入收益型信托，大幅缩减了政府收入。在加拿大有收入的国外投资商也因而获取一些不公平的优势。作为新晋保守党财务部长，吉姆·弗拉赫蒂（Jim Flaherty）在分析形势后，意识到若要兑现承诺，政府将承担巨大损失。于是，保守党人在大选之后立刻食言，推翻了才许下没多久的承诺。

13

全国人民都愤怒了。我的选区里有众多富裕投资者，负面效应尤为明显。为此，我在全选区主持了五次公众会议，以征求民众建议、缓和紧张局面。全国人民通过不同形式表达了相同的愿望：希望保守党信守承诺。但走投无路的哈珀和弗拉赫蒂拒绝了民众的建议，依旧强行征税[7]。

虽然自由党人之前也犯过相同的错误，但这不能成为理由。因为他们对收益型信托税赋的犹豫与反复，造成市场的不稳定。每个人都明白这当中的复杂性，没人指责哈珀和弗拉赫蒂是为个人利益而出尔反尔。但这都不是重点。重点是，哈珀许下的无条件承诺曾让他在政治上获利，选民正是因为信任他才支持他的。

另一个彻底违背承诺之人是贾斯廷·特鲁多。他曾宣称，上任后第一年的政府财政赤字不会超过 100 亿加元，结果却突破 300 亿加元。新民主党（NDP）曾统计过，他许诺过千余次要进行选举改革。他成立全国调查委员会收集信息，全加拿大的国会成员为此项目召开无数会议。然而，在特鲁多庄重宣称 2015 年大选是最后一届"简单多数制"的大选后，他食言了。他的行为，加深了大众对政治人物的不信任[8]。

其实，哈珀和特鲁多本可保持自己"正直"的姿态，只要他们多做一件简单的事，即对自己的承诺附加上条件。哈珀本可说，他对收益型信托减免征税的决定，将视当选后的形势而定。特鲁多也本应说，他对财政赤字最高限额的许诺是有条件的，他对投票制度的改革也将基于委员会的调查结论。请谨慎对待绝对的承诺。在表述意见时，别许下无法兑现的诺言。不然，你将面临政治生涯中最严酷的批评，被冠以欺诈之名。

坚定维护你的正直声誉

哈珀的第二个失误，在于他没有重视那些攻击他"正直心"的舆论。当渔业部决定将纸质记录电子化时，批评家称其为环境记录毁灭。事实上，环境记录的电子化保存已相当普遍。这种方式更易获取信息，更节省空间，并让信息的留存更持久。但批评家的话，却将哈珀描述成了烧书狂[9]！作为渔业委员会成员，我曾问过渔业部长盖尔·谢伊（Gail Shea），为什么不反击这一指控。但总理办公室（PMO）的意见是，公开反击只会让争论愈演愈烈。如果事情不是那么严重，他们可能是对的，但沉默往往会被误解为有罪。所以，当有人污蔑你扭曲事实时，你该竭尽所能地反击。

把握最终话语权

另一个与渔业部相关的指控，控诉了哈珀封锁科学家们的言论。与其他指控一样，此事件反映了被扭曲的事实本质。联邦政府科学家无权擅自发布公开声明。事实上，这是所有运营良好的公众与私人组织中的通则。大多数企业会制定其公共发言人，他们的职责包括回应媒体问询。这样一来，媒体就知道应向谁索取信息，对他们来说也是好事。对组织来说，此方法保障了信息的准确性与连贯性。联邦制施行后，每个联邦政府部门在这方面都推行了类似政策，哈珀政府也不例外。

当所谓的"封口指控"出现后，我私下询问了渥太华、西

温哥华渔业实验室，以及其他地区渔业部门官员。他们告诉我，他们可以自由参与学术论坛，分享彼此的科研成果，致力于科学研究。事实上，渔业科学家们发表了许多有深刻影响力的科研成果。他们只是被划定了权限，并非被"封口"。

总理办公室对这类指控的反应也不温不火，似乎为哈珀的决策辩护，就会延长不必要的纷争。这不禁让我想起，我从比尔·阿特金（Bill Atkin）身上学到的一些东西。他是我最伟大的导师之一，也是闻名世界的贝克·麦坚时事务所（Baker & McKenzie LLP）的高级律师之一。1988 年，我加入了这个律所的中国台北办公室。初来乍到的我，犯了一个初级律师的典型错误。我向一位客户提供咨询服务，对方是在一家中国香港公司任职的律师。在没有详细讨论酬劳，取得客户首肯的情况下，我向对方寄去了账单。他与我在账单上产生分歧（虽然我开的账单价格合理），随后他又发了一封信，无理诋毁我的服务。比尔坚信，我们绝不能让别人掌握能诋毁我们的最终话语权。"档案中的最后一封信，绝不能是错误的批评，你要时刻维护自己的名誉。"他这么告诉我。我真希望哈珀团队也能采纳比尔的建议。

做好变更方向的准备

固执己见会损害你的正直形象。2012 年，我们见证了渔业部部长基思·阿什菲尔德（Keith Ashfield）执意关闭位于基斯兰奴（Kitsilano）的加拿大海岸警卫队基地（Canadian Coast Guard Station）的决定。此基地位于温哥华港的中心地带，每天来来往往的成千上万名居民和游客经过都会看到[10]。总理合理要求每位部长进行整顿[11]，而这次的关停行为，正体现了政府急于缩减开支的需求。

关闭该基地是有合理原因的。西温游艇俱乐部的董事会成员告诉我，这个基地是可有可无的，因为"沿着卑诗省的海岸线无边无际，不可能隔百里就设立一个基地"。温哥华是加拿大为数不多的设有海岸警卫站的重要港口，那附近还有一个气垫船站，位于海岛（Sea Island），即温哥华国际机场（Vancouver International Airport）的所在地。其他相关救援反应机构，包括了海岸警卫船、近海救生船、大型陆地通信系统和"机会船舶"——所有在通信范围内的船舶。这些都是关停行为中应当公示的公务信息。总理或渔业部部长本应及时公布基地运营的成本/收益分析，相反，他们直接发布了一份令人惊讶的关闭声明。

渔业部部长基思·阿什菲尔德来自加拿大另一端的纽宾士域省（New Brunswick）。他没有向卑诗省的国会议员征询意见，也明显不了解基斯兰奴基地的象征意义，结果引发了公众的强烈反抗。

我们完全有理由推翻这个决定。拒绝改变，会让人们觉得我们固执己见、无视民怨，从而失去他们的支持。人们开始质疑总理关闭基地的动机。我们像是成了墨守成规的人，而非为人民服务的人。

关闭海岸警卫站的声明一发布，就立即激起一片强烈反对的浪潮。你不能在缺乏当地意见时就做出决断，也不能当批评接踵而至时无动于衷。卑诗人民普遍感到，联邦政府再次对西部的需求充耳不闻。

　　几位重要的卑诗省国会议员与我一起试图让总理推翻这项决策。然而，他担心取消一项预算削减，会为其他削减项目开创逆转的先例。我们据理力争，指出这是特殊个例，但他仍坚持己见。

　　这是一个多么经典的"正直"考量！我们可以不断重申关闭基地的理由。我们也可以承认关闭基地是一个糟糕的决定，但我们实在不愿舍弃任何能够削减预算的机会。或者，我们本可听取那些最熟悉这些设施的人所汇集的信息，更改我们的行动方针。哈珀坚持关闭基地，然而，在做出此决定前，他首先应对是否关闭基地进行讨论。

　　哈珀明确表示不会重启基地后，我只能立即着手努力强化其他海事救援反应机构。在争取到卑诗省和国家决策委员会的支持之后，我们也得到了交通部长丽莎·瑞特（Lisa Raitt）、渔业部长盖尔·谢伊（Gail Shea）以及总理办公室一些重要官员的协助，在不重新开启基地情况下，政府公布了其他改善海事安全的措施。政府注资了我选区[12]中的渔业实验室（Fisheries Laboratory）和海运安全问责中心（Clear Seas Centre）[13]，并承诺将加拿大皇家海军舰艇"发现号"（HMCS Discovery）发展为重要海上联合行动中心，为加拿大皇家海军和加拿大海岸警卫队服务。在2015年10月大选前夕，保守党还采纳了我关于废弃船只的个人提案，作为全国性政纲的一部分[14]。

　　在那时，我们宣布的是什么并不重要。卑诗人民无法理解，为什么在关闭基斯兰奴基地后，政府现在又要对海事安全小题大做[15]。我们为关闭基地而提供了充分补偿，但似乎从未令公众满意。对公众来说，开放基地似乎更合算，而且更符合熟悉海域的当地船家的需求。

总而言之，关闭基斯兰奴海岸警卫基地是一次政治短视行为。它只为政府节省了少量预算（每年所节省的运营成本不到100万加元），却对卑诗人民造成巨大影响。反对之声日增，我们却拒绝让步。这损害了我们的政治形象，因为人民不能理解我们的行为动机。他们开始怀疑我们，不信任我们。当你意识到决策中的错误时，必须迅速做出反应。即使出于好意，你的行为也可能为自己的"正直心"增添阴霾[16]。

坦诚面对竞争对手

已故的吉姆·弗拉赫蒂一向敬重他的竞争对手。他会在议会里把他们打得满地找牙，却仍能让他们微笑着离场。于公于私，我从未听他说过任何人身攻击的话。加拿大人民敬重他的声誉，崇尚他的幽默和谦恭。

在卸任众议院职位后仅三周，2014年4月10日，他离开了人世，众人悲泣，举国哀悼。国会辩论之音戛然而止，大门紧闭。翌日，不同政党的议员的吊唁从四面八方涌来。各方不约而同的反应说明了吉姆对他的政治对手们的高度尊重。

我很珍惜和他相处的点点滴滴，还在办公桌上放了一张他与家人的照片。弗拉赫蒂擅长与竞争对手合作，堪称这个领域的模范人物。在我提议的议会健康计划的初始阶段，我与不同政党的议员紧密合作。依会章细则规定，活动邀请函由自由党成员柯尔斯蒂·邓肯（Kirsty Duncan）、新民主党成员皮特·斯托弗（Peter Stoffer）和魁北克集团（Bloc Quebecois）成员帕斯卡

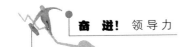

尔-皮埃尔·派耶（Pascal-Pierre Paille）与我，四人联名发出。而后，这项计划发展成全民健康与健身日（National Health and Fitness Day），并以S-211号个人提案正式通过。我的两项个人提案得到了两院的一致肯定。身为领袖的人应当明白，与竞争对手展开良好合作，是一条通向成功之路。我们都该像吉姆·弗拉赫蒂学习，求同存异，敬重对手。

坦然应对媒体

2005年，我以保守党候选人的身份活跃在政坛时，党内领袖普遍感到媒体对我们怀有敌意。我还记得一份调查表述：记者是典型的"左倾"行业，怀疑论者，他们普遍与保守党保持距离。

史蒂芬·哈珀在任期中对媒体一直保持敬而远之的态度。他这么做也情有可原，因为媒体往往和他唱对台戏。不过，凭他卓越的才干、正直的品格、过目不忘的记忆力、流畅的法语和十足的幽默感，如果他用更开放的态度对待媒体，本可有更佳的表现。实际上，无论是近距离或远距离，就我观察所及，他在媒体采访中从未有过失常的表现。

虽然我能理解这种面对媒体的保守态度，但我的个人经历，却教会我应对媒体关系的不同思路。在中国台湾做了10年的律所负责人，我接受过如何面对媒体的训练，了解他们面临的挑战，尽我所能去配合他们。媒体人最大的挑战是时间，从记者接到任务到发稿，一个周期往往很短。因此，我总是教自己团队的工作人员，要在第一时间了解媒体人的截稿日期，并将之当作媒体公关的重中之重。哪怕我们不是新闻的一部分，也要尽量在媒体紧凑的截稿期限前，做好我们的工作。

除此之外，我们还会记录相关的媒体信息，包括记者的名字、联系方式等。我曾陆陆续续带过一批年轻、优秀、努力的公关助理，包括乔西·彼得斯（Josh Peters），乔西·赫曼德（Josh Hemond）和杰西卡·法德冈（Jessica Faddegon）。他们维护并时刻更新着我们的媒体名单，里面囊括了出版、社交媒体、电台、电视等平台的百余家媒体代表，跨越英、法、中、韩、波斯等语言。

我携手我的公关助理，推动与媒体之间的良好互动。每当有好的新闻素材，我们就会立即用尽可能多的语言，一视同仁地分享给所有媒体朋友。记者们不一定会报道我们的新闻，但他们绝不会抱怨我们不友善、不合作。毕竟，只有给媒体足够的尊重，他们才会公正对待你。

当出现敏感问题时，我们对待媒体的方式就颇具优势了。例如，2011 年，保守党大选获胜后，因考虑到我在下议院仍有四年任期，我和唐娜决定将家搬到首都渥太华。从家庭角度来说，这合乎情理，但在选民看来，也有可能被理解为背信弃义。通过电话或面谈，我拜会了所有相关报刊的编辑，向他们解释搬家的理由，并让他们了解唐娜的想法与意见。这种坦诚的态度，成功地让我们避免了媒体人对搬家一事的断章取义。

对政治人物而言，塑造自己面对媒体时坦诚的形象，是十分值得的。其中要点在于，主动向媒体敞开大门，尊重媒体人的需求。

兑现你的承诺

普雷斯顿·曼宁（Preston Manning）是以正直闻名的政治家。他是加拿大改革党之父，同时也是独立机构曼宁中心（Manning Centre）的创始人与总裁，这是一个以倡议"小政府"制度为宗旨的组织。当我第一次成为候选人时，曼宁与包括我在内的四名候选人进行了一次会谈。

我至今还记得，在我当时执业的律所会议室中，曼宁将政治承诺分为三种情况：

第一种是类似合同的承诺。在当选或被接受委任时，当选者会许下一些承诺，例如减税或不对收益型信托征税。这些承诺是当选者获得选票的原因，同时，也是当选者必须对选民履行的责任。贾斯廷·特鲁多就是个中反例，他曾多次承诺废除加拿大政坛"简单多数制"的选举制度。然而，他最终还是背弃了自己的一席承诺[17]。

第二种是与领导者自身的专业技能有关的。如果一名心脏学家准备踏入政坛，大众会理所当然地期待他从自身专业知识出发，制定国民健康与身体素质相关的政策。当然，他也可以合情合理地宣传说："我是值得信赖的。在心脏学方面，我知道得比大多数人都多，我会秉持我的专业训练、执业经历和行业关系，去议场问政。"

第三种是领导者可能既无相关专业技能，又非经选举或任命授权。在此种情况下，领导者可能必须咨询他所服务的人民。所谓"咨询"，可能简单到打电话给信任的智囊团，也可能复杂到组织一次公投。考虑到情况的复杂性，我尽力在每个可能负责的社区中，打造咨询团队。在我的任期结束之前，我们一共发展了 50 多个社区，每个社区中都至少有一个值得信赖的咨询人。

厘清你面对的究竟是上述何种情况，对维护自身正直品格非常有益。如做出了第一种承诺，那么从维护自身正直的角度出发，你就必须兑现诺言、坚持到底。如果是第二种情况，你就必须遵从自身专业，即使它可能令你失去一时的民心。至于第三种情况，你必须走进民众，倾听他们的声音。

普雷斯顿·曼宁的分析，在如何保持自身的"正直心"课题上，对我大有裨益。在此，我也将它推荐给各位。

保持独立思维

不随波逐流与特立独行是有所区分的。拥有正直品格的人有一个关键的共通点，在于他们常常质疑自身职责的正当性。这在战犯审讯中常有发生，例如纽伦堡（Nuremberg）[18] 和美莱村（My Lai）[19] 两案件中，就有针对军人是否应遵从军命实施暴行的探讨。

虽然不似战争般极端，但在面对责任时，我们团队时常要决定是否遵从各种权威的"指令"。然而，在更多时候，我们只是掌舵者，是民众心声的代表。我们的使命督促我们不停地践行自身价值，令我们充满激情、饱含热情地服务选民。正是这种使命感，指引我们开拓了全新的政策领域。我们在推行全民健康、限制处方药滥用、打击精神药物滥用，恐怖主义、志愿精神、女权问题、人权问题、环境问题、国家循环战略、年度

23

文化活动以及选区内市长级年度会议等课题上，都做出了不同程度的贡献。

我们带来的众多革新，不可避免地引起了老派思维的抗拒。举个我最喜欢的例子，我们曾举办过"帮助每个青年日"（Helping Every Youth Day），简称"HEY 日"，西温哥华一所高中的学生们参与了这次活动。他们在当地皇家公园购物中心（Park Royal）的公共区域里，协助我们召集了顶尖的志愿者组织。有 20 多家志愿者组织因高效性和选民的高度相关性被选中，其中包括乐施会（Oxfam）、加拿大国际发展署（CIDA）、国际饥民粮食救济协会（Food for the Hungry International）等组织。这些组织活跃于国内外，时刻保持着理想主义与志愿者精神。

从很多方面来看，这个活动都具有极大的价值。然而，当我就此事的保险和责任问题与众议院法务部交涉时，却得到了冰冷的回应。他们冷漠地表示，"这不是议员该做的"。他们狭隘的思想和只以渥太华为中心发展的古板议员印象令我惊愕不已。这种冷漠和因循苟且的官僚心理本可使我们的计划夭折，但好在，我们让参与者签署了弃权书，才使得活动顺利开展。

"正直心"，指引我们为年轻人的权益服务；"正直心"，更是要求我们保持独立的思维，不被权威左右。

计算"正直"的成本

任何怀有"正直心"的人都会同意，正直是需要付出代价的。为了维护它，你可能会损及自己的政治前途。在本书的"勇气"章节中所提到的伊拉克人权之旅，就是一个例子。它让我与一些官员发生争执，包括外交部的，党鞭办公室的，甚至还有总理办公室的。这些办公室的官员质疑我筹划的安全措施不够完备。我坚持就用平时维护外国外交官的私人安全机构，即配备防弹背心、装甲车辆，安排一支 24 小时随时待命的武装部队驻扎在英国大使馆内。

反对这项行动的官员认为，行动所带来的物质风险和政治风险将远高于我们可能取得的人权胜利。通过那次旅行我获得了能为核心价值而战的声望，政府官员们可能会尊重事件中所涉及的"正直心"，但是，他们同样珍视"忠诚"，而"忠诚"是很容易与"盲从"混淆的。那场旅行后，我党党鞭给我派了一些不便的任务，把我贬回到无用的"官方语言委员会"（Committee on Official Languages）去，这等于是无用党鞭给我的小小惩罚。

如果你重视诚信，那就请先预测你的行为所需付出的代价，再作出明智的决定吧。

结语

"正直心"是所有宝贵品格的起点。若只能维护一种品格，那"正直心"无疑是首选。无论是对待家人，还是与同事合作，无论是公开演讲，还是私下交谈，"正直心"教我们言行如一。只要你态度开朗诚实，人们自然会信任你。只有赢得信任，你的领导才会得到人们的支持和协助。缺乏"正直心"的人，很难带给世界积极的影响。相反，拥有"正直心"的人，具有长期的潜力，去点亮这个世界。把"正直心"作为"奋进"的基石，以长远的眼光看待事物，勇于接受一时的痛苦代价。

上！"责任感"

人们常将某些权利视为当然，不以为意。这是一件令人浩叹的事。以公民身份权利为例，如我一般出生在加拿大的人，很容易对加国公民身份得天独厚的优势视而不见，而这却是许多外国人梦寐以求的特权。有人认为，完备的教育体系、充裕的自来水、优质的食物、良好的治安环境这些都是司空见惯的东西，但他们如果对世界有更多了解，肯定会对这份与生俱来的恩赐表示感激，肯定会养成高度的责任感。

贾斯汀·特鲁多广为人知的一句话"预算将自我平衡"[20]，是他在保守政治活动会议结束后的采访中讲的，而且这句话被他众议院的政敌多次重复。你可以自己去查一查当时的采访，这句话是有些断章取义的，因为原话是："承诺必须是经济增长，预算才能自我平衡。"然而结果是，自成为总理以来，他的所作所为使加拿大背上了 300 亿加元的赤字，这是他所承诺的最大赤字限额的 3 倍，无疑显示出他对国家财政的损失不计后果、不负责任。

人民、家庭和社区，大家都在努力"管钱"；而如何负责任地分配资源则需要靠纪律。任何人都必须通过抉择确定事情的优先顺序，因此快速地做出一份预算并不容易。值得赞扬的是，近年来有抱负的自由党领导人已注意到责任感的重要性。米哈伊尔·依格纳季耶夫（Michael Ignatieff）在一场竞选党魁的著名辩论中，被斯特凡·迪昂（Stephane Dion）问道："你认为设定事情的优先次序容易吗？"虽然迪昂因强调"想要成为好的领导者，制定事情优先顺序就至关重要"而受到嘲笑与质疑，但是，我认为他在此时问此问题是合情合理的。

在竞选被问及这个问题时，依格纳季耶夫看似并无退缩与异常。然而，他在专著《权利革命》（*The Rights Revolution*）中暴露了自己在设定优先次序方面的弱点。这本书写得不错，书中各章节描绘的社会群体及各自的权利，让人读着入迷，但是问题不在于要感谢那些有功德成就或是那些值得表扬的人，问题在于决定哪些人应该优先鸣谢。迪昂是一个善解人意、聪明、有成就的人，出身于学术背景，但这些也并没有让他能更好地设定事物优先顺序。依格纳季耶夫是著名的教授和作家，也拥有同样的缺点。

身为父母，我们经常对孩子们说："做事要负责任"。但要对谁负责？什么时候？要多久？代价是什么？当责任相互冲突时，我们应该如何应对？

负责任意味着要做出艰难的决定。它意味着要了解你自己的愿景，制定相应的计划并付诸行动。正如在"决心"章节中所描述的，你要对难以避免的种种干扰因素说"不"，这意味着你要不顾一切去排除万难。第一步就是要对自己负责，"负责任"

为你打稳了"奋进"的根基。

对自己负责

领导力诞生于对家庭的责任感。你必须先对自己负责，然后才能对别人负责，我的朋友保罗·瓦格勒（Paul Wagler）在他的书《自信地走下去》（*Walk Confidently*）中指出了这一点，书名是此书的一个伏笔。保罗幼时得了小儿麻痹症（脊髓灰质炎），自 5 岁起走路必须依靠拐杖。然而，他一路走来抬头挺胸，成为银行和金融界的明星。他习惯领导别人，而他是从对自己负责做起。

保罗认为日常习惯是成功的关键，他指的是个人的日常习惯，比如经常性地在前一天晚上想明白第二天打算做的事。他很难想象，在没有固定作息时间，没有定期运动计划和饮食控制的情况下，有人能取得成功。

我曾详尽地讲过在繁忙的政治生活里，我是如何靠运动保持精力充沛的。"健康"一章讲的是日常运动习惯对领导者的重要性，以及如何通过他们进而影响到全民。并不是只有富人才能养成和保持良好的日常习惯，普通人也能通过这些习惯来充实生命。

自我健康管理越来越显重要。虽然加拿大政府在医疗与保健上的花费日益增加，但人民的身体却越来越虚弱。看着由于缺乏运动造成的超重和肥胖症人群数量不断增加，是一件多么令人恐惧的事情。按目前的增长率计算，未来医疗保健的花费将占所有公共税收的一半以上，这个比例又多么令人震惊。

这种趋势是不可持续，并且是没有必要的。保持个人身体强壮并不是政府的责任。当下政府的医疗保健体系，遗憾地发展成了一种疾病护理体系。它只针对疾病，而不是针对健康。我们每个人都需积极主动地为自己的健康承担起责任。

原住民社区的健康、死亡率和自杀趋势令人心碎。大部分的讨论集中在政府能对这些社会弊病做些什么。是的，政府可以提供支持性服务和教育，但政府绝对无法成为个人责任的有效替代。如果一个社会能鼓励人民下决心对自己的精神、身体、情绪和心理健康负责，那么这个社会的人民与政府将更有能力去专注于经济、环境和其他重要的事情上。

保罗·瓦格勒劝告人们将精神和身体的自律结合在一起。对我自己来说，一天从四件事开始：写日记；阅读《圣经》；回顾那些我收集许久并默记的圣经诗句；祈祷（我每周至少为某些人祈祷一次）。写日记让我反思前一天重要的事情，每日的写作锻炼让我更进一步投身到自身面对的挑战、胜利和失败上来。虽然可能没有人会读那些日记，但是简单的写作行为有助于我确定事情的优先次序。

身处数字时代中的人们越来越容易分心，因此保罗对日常习惯的建议在今天看来尤为重要。30岁以下的人，被称为"数码公民"，居住在一个由即时获取信息和自发通信为主的世界，就连做家庭作业这样琐碎的智力练习都需要远离他人信息的干扰。试想，当你不断被信息轰炸的时候，怎样才能集中精力专注于自己的想法呢？如果你不控制科技，科技就会控制你的一切。你必须先能自顾，然后才能顾人。一旦过了这关，你就可以开始练习如何为你的家庭和其他人承担起责任了。

对家人负责

孩子们应该从小学习如何承担家庭责任。从他们对自己父母的孝顺开始，然后逐渐变为一份自我要求的准则。作为父母，我从孩子的孝顺中受益，因为"尊敬父母"也是《圣经》十诫之一，这份戒律不仅是上帝传给他子民的道德准则，也是一本如何成就卓越的手册。在运作良好的家庭里，孝顺并服从父母，能让你的安全得到保障，家庭秩序得到维持。处于父母通过爱与责任感来展示权威的家庭环境里，每个人都能获利。

但要做到承担对家庭的责任，孝顺服从父母远远不够。在良好的家庭环境里，孩子们视抚养年迈父母为一种责任，这种现象在北美以外的地区随处可见。在北美大陆，存在着世界上数量最大的养老院，反观除北美外的其他地方，与家中长者生活于同一屋檐之下是一种常态。这是一种充满智慧同时促进家中育儿产业发展的实践；即使是那些健康状况堪忧的老年人也可以对社区做出重要贡献。

承担对家人的责任会展现出你最好的一面，就像克里斯·柯劳利（Chris Crowley）和亨利·洛奇（Henry Lodge）（一个是病人，一个是医生）合著的畅销书《明年更青春》（*Younger Next Year*）中指出的，体育锻炼可以延缓自然衰老的过程。这本书的次主题谈到对配偶或者伴侣负责的重要性。如果你对爱人、伴侣或朋友足够负责，你更有可能在体育锻炼上坚持下去，或许你会同意这一点。

教育年轻人对家人负责，就是培养他们"责任感"的基础，

进而训练他们在社会上做一个有贡献的人。

对精神导师负责

你可以说我有妄想症或意志不够坚定，但我不得不羞愧地承认。我不相信我有能力独自应对政治生活，同时保持自身良好的品格。我必须担起对别人的那份责任，这样我才能不断地克服内心那些傲气、怒气和其他挑战。你或许也会同意，面对挑战时，如果其他人加入你的阵营，你会更加强大。

问题不一定出在你的能力上。历史与文学教导我们——身处险境时，人们受到的考验往往不是他们原能承受的。在威廉·戈尔丁（William Golding）极具影响力的小说《苍蝇之王》（*Lord of the Flies*）中，有一节讲到因飞机坠毁，一群孩子流落在荒岛上，无人监管，结果他们由正常人一步一步转变成凶残野蛮人，读到这里你可能会自问："在这种情况下我会怎么做？"

至少对一些人来说，来自斯坦福大学的一次著名实验可以回答这个问题。1971年，心理学家菲利浦·津巴杜（Philip Zimbardo）邀请随机挑选的志愿者穿上狱警和犯人的外衣，并且模拟监狱场景与权力关系。他发现扮演狱警的学生逐渐变得非常凶狠，因此津巴杜博士不得不提早终止实验。斯坦福大学的实验表明，在没有约束的情况下，普通人也可能堕落到做出一些令人感到可悲的行为的地步[21]。

历史上，曾有数以百万计的人追随最邪恶的领导人希特勒，走向了通往种族灭绝的道路。在那样的场景与文化中，人们怎样才能避免从众地成为纳粹的一员？为什么其他德国人不来抵制希特勒犯下的暴行？毫无疑问，因为好人被恐吓成了顺从的羔羊。同样，罪孽是怎样在卢旺达以及柬埔寨的种族屠杀事件中蔓延的？究竟要具备什么样的英雄品质才能让你挑战那些专制统治者？现实本身不是动作片，你看到的片里主角与那些近乎不可能的任务是由编剧神来之笔的创作而奇迹般实现的。对我们中的大多数人来说，做"负责任的"或"正确的"事情需要我们信任之良师的帮助和指导，正如大诗人约翰·唐恩（John Donne）的名句所言："没有人是一座孤岛。"[22]

　　为帮助并引导我顺利完成政治生涯中的挑战，我选择了三位导师。第一位是比尔·李（Bill Lee）。我与他之前从未谋面，但在台湾居住的那段时间，我们双方有很多共同好友，对彼此都有所耳闻。我们真正相识于 2006 年的某一天，我在他教堂集会上致辞后，他主动联系了我。在此之前二十多年，他一直是"领航者协会"（Navigators）的领袖，这是一个全球性的基督教运动组织，致力于帮助人们找到生活真正的目的和意义。比尔问我："你做领导时有谁会为你祈祷？"这个问题之前我从未想过。

　　比尔赞同我将另外两个朋友纳入导师行列。一位是大卫·柯林斯（David Collins），他是基督教会德行典范委员会主委，同时也是加拿大粮食救济协会（Canadian Food for the Hungry）创始主席；另外一位是威尔·约翰斯顿（Will Johnston），他是一名家庭医生，同时也是卑诗省安乐死预防联盟（the Euthanasia Prevention Coalition of B. C.）的主席。他们在我生命里出现的时候不可避免地成了像《圣经》中"三智者"一般的团队。我完全信任他们，钦佩他们的智慧，并虚心接纳他们重品格、重家庭的理念，而这些想法也与"一味达成政治生涯的成功"理念恰恰相反。我们四人每隔 3~4 个月见一次面，其间也会经常以电子邮件进行交流。他们为我祈祷，同我一起祈祷，而从不为自己的政治议程游说陈情；在我勇气丧失、自私上头的情况下为我提供指引，同时对我家人的幸福表示关怀。他们即使不在我身旁，也对我裨益良多。

每当我遇到在道德上两难的情况时，我会问自己，如果他们在场可能会有什么建议？当懂得他们的思维方式后，我便可以从推断中获得指引。在这个动荡的政治世界里，他们是让我内心安宁平和的源泉。他们拓宽了我的视野，他们是其他领导人渴望的秘密武器。从某种程度上说，他们是我在政治生涯里赖以抗拒各种负面因素，不致陷入人云亦云、随波逐流境地的平衡砝码。

另一个对于我家庭有较大影响的人是桑尼·金（Sunny Kim），他是跆拳道道坊的师父，我们全家都跟他学拳，唐娜和我跟孩子们都得到了黑带段位。金师父教授我们跆拳道实用的身体活动与技法，我们在道坊的大部分时间都献给了练习和演示模拟战斗的踢击、拳击以及站姿的组合动作。要想取得更高的段位，学生必须达到教练的严格要求，综合来说就是要熟练拳法、懂得尊重前辈、懂得教授小辈——我的孩子们也因此从这位值得尊敬的武术导师严格的言传身教里学到以上优秀品格。

良师是强化个人品格的源泉，选择跟随一位模范人物永远都不会太早，不管这个人是你的老师、教练、同侪抑或是教你懂得如何担当的人。

对朋友负责

你与朋友们的生活因彼此的存在而丰富。他们与你共享美好时光，并帮助你在痛苦或失落时重拾生活希望，因此我们不应该让友谊之花凋零。你必须努力栽培它，让友谊之花保持生机与健康。在你读到这一章的时候，你肯定会认为这是一种煞风景的说法，会认为我是在本该着重乐趣的关系上强加规则。

有些友谊只图乐趣，但即使这些也需要你的努力。如果你不时常与朋友进行最基本的交流，在他们生病时不送上自己的关怀，在他们搬家时不帮助他们，不与他们一起欢笑，不给予他们生日祝福，在圣诞节不打电话给他们，这还能称作友谊吗？这些事情需要付出努力与组织管理。友谊会因双方的日常互动而增强，你可能记不住那么多，但一年一度的"生日通报"将有助于提醒你这些。

也许一个值得警戒的例子最能说明这一点。我的朋友泰伦斯·杨（Terence Young）是我众议院的同事，我认识他时他是安大略省奥克维尔选出的国会议员。此后 1995~1999 年，他担任过安大略省议会议员。他告诉我，他因一心专注于履行政治职责，以致疏于维护友谊，任凭友人流失散落。当时的他被各种通勤、会议、演讲和选民事务缠身，没有时间做其他事情。老朋友偶尔会给他打一两通电话，几次想叙旧被拒绝后，他们便失去了联系。后来泰伦斯所在的选区格局发生变化，原选区被剔除，他失去职务后，倍感后悔。原本喧闹的电话铃声戛然而止，他不仅失去了参政权，也失去了朋友。为此他必须努力重

建友谊。后来他进入众议院时，已经吸取了教训。

承认不可避免的事情很重要。朋友间的情谊总会不可避免地逐渐减少，这和你在学业或是工作上花费的时间没有关系。友谊可以承受短暂的中断，但不能长期破裂，为此你应该制定能够维持友谊的日常习惯。

你结交的是什么样的朋友？人们在不同的时空环境中建立自己的友谊，比如在童年时代，工作场所，或是通过配偶、社区或孩子的活动。结交朋友是件好事，不论贫富贵贱、环境好坏。有一些友谊会超越时间和空间的界限，因为喜欢彼此而时常保持联系，而不仅是因为时空中的界限驱使你们在一起。有的朋友仅仅带来欢笑，有的让你变得更好，他们帮助你做正确的事，提供指引和智慧。要认清你的朋友！要认真维护友谊！

对自己的内心负责

过有意义的人生意味着接受充满挑战的生活。一旦内心告知你将面对困难，你便会遇到以下这种情况。你会听到来自内心一个让你担心的声音："天啊，别！你又跟我说要做一些困难重重、不讨喜、代价高昂又费时的事情了。"可再过几年，回顾自己的过往，扪心自问，所有记忆深刻的事情均非易者。你会发现，考验你毅力的正是那些刻骨铭心的经验。

你可能生于自由国度，你可能非常珍视自由，愿意为自由而战。就像奥斯维辛集中营幸存者维克多·弗兰克尔（Victor Frankl）所说："没有责任束缚的自由极度危险。"对你内心良知做出回应可以确保你在享受自由的同时，为人为事尽你所应尽的义务。

在本书章节，你可以找到一些我的良心呼唤我去"自讨苦吃"的例子。有一件叫"大山酋长"（the Chief Mountain Challenge）的漫长法庭战，它无情揭示了加拿大在平权方面的巨大差异。在这种背景下，古老原住民的首领们邀请我带领他们与三个银弹充足的政府机构进行斗争。对我来说，面对这样艰难的挑战直接拒绝，然后置之不理的做法极具吸引力，但我很高兴自己当时并没有这么做。"大山酋长"促使我创立了加拿大宪法基金会（Canadian Constitution Foundation，CCF），该基金会致力于在政府威胁人民时为加拿大人的宪法权利而发声，时至今日仍旧运营良好。

当一位勇敢的朋友玛吉德·艾尔·沙菲（Majed El Shafie）邀请我陪他去伊拉克进行一项人道援助的任务时，我的良心让我再一次站了出来。身为国会议员去访问这个饱受战争蹂躏的国家，既不安全也不方便；况且我是多年来首位访伊的加拿大国会议员，但很高兴我做到了。

在温哥华举行的第一届年度康复大游行（the First Annual Recovery Parade）中，受到滥用药物困扰的民众邀请我和他们一起游行。我本可把位子让给一个自身受药瘾所困的人，而鉴于毒品和酒精残害了那么多生命，我很高兴自己参与了此事。

如果你的良心像我一样，它会要求你做一些充满挑战的事情。听从它！尊重良心在决策中的作用。那些看起来不那么方便的事情可能会成为具有长远意义的经验。你的智商、教育、经验和人际关系会帮助你获得人生的各种财富，你的良心会告诉你如何分配这些资源。

对你的物质财产负责

你承担的责任与你理财的方式直接相关。理财是一项重要技能，整个过程从基本概念开始，即花钱购买那些对你来说有急迫需求并且有价值的东西，然后尽可能存钱，制定预算，比较不同产品花费，找到货真价实的产品。如果你买不起某样东西，晚一些购买并推迟那种购物的快感。千万不要被同侪误导，反之，要从他们身上学习。你会发现他们有消极的方面，也有积极的方面。有时可以慷慨一些，信息完整的捐款项目是值得做的。

青年时期的积累，会为你年老之后的生活做好准备。英国诗人威廉·华兹华斯（William Wordsworth）在他 1802 年的诗《我心欢悦》（*My Heart Leaps Up*）中写道："孩子是男人的父亲。"年轻时对个人资产的关注，会为你以后获得更多铺平道路。如果你要从政，竞选时几乎必须依靠你的个人资产；即便选举已结束，你也需要想好那些财产以后如何使用。换句话说，负责任地管理资金可以为你提供机会（例如寻求公职），并为你职业生涯中断期间提供缓冲。

管理自己的资金非常重要，在公共领域里，负责打理别人的资金更为重要。你是公共资产的监护人，受公民委托谋求他们的最大利益。这可能意味着你得将纳税人的忧虑放在自己的忧虑之前。它意味着即便是别人都不会做的事，你也必须做，意味着你搭乘飞机时乘坐经济舱（当然前提是可以在不降低你效率的情况下）省掉纳税人一张商务舱票价的钱。我和我的职员总是习惯于找到合理利用纳税人金钱的方法——我们基本都买经济舱的机票。我们拥有一支卓越的专业团队,帮助我们完成各项企划并组织各种为公众而举行的活动。

参选过程的资金由竞选者自己承担,这是西方民主政治的最显著特点之一。一项比较明显的牺牲是:你要放弃来自经商、工作以及相应的其他收入。当政治生涯结束后,你很难重操旧业。但那只是开始,除了职业生涯中断之外,加拿大法律对从政人员制定了严格的问责制和行为规则,如在离职后五年内禁止参与政治游说,等等。

相比之下,其他国家的从政者预期可以获得超出工资收益的金钱回报。我在 2011 年造访伊拉克的期间,目睹了这一情况。那次差旅中,我听说在过去几年里有 12 名议员遭到暗杀。我很好奇,那还有谁会愿意去当议员?这远远超出了爱国主义的范畴。有伊拉克人告诉我,除了工资之外,政府官员通常从私营部门获得大笔资金。反过来,这些私营部门则期待政府官员"开后门"给一些批文与内部信息。

除了要避免利益冲突,加拿大国会议员必须向其党部的利益冲突与道德规范办公室(The Office of the Conflict of Interest and Ethics Commissioner)申报大量个人财务信息。这样的制度让我很不适。你想,连我妻子唐娜这样的非公职人员,也必须申报,有一些相关的限制和披露规定是在我担任保守党议员时,由保守党政府提出的。当然,我支持严格的问责制以及禁止从公共服务中获利的行为。与此同时,身处政坛的人,即使已经受到了细致入微的审查与监视,却仍然必须在个人隐私方面付出如此大的代价,这让我感到非常遗憾。

你若想走上政坛，最好尽早准备。存些钱，好好管理自己的财务，随时准备公布信息。

当然，财富不仅是钱与房产，还包括你的信念、学历、经验、才识、信誉以及人脉。

对你的非物质资产负责

传统意义上，"资产"一词是你在财务资产负债表上量化出来的那些数字。但资产的定义远非如此。我父亲在日本战俘营中困顿的三年半里，没有任何可花销的金融资产，但他有自己的信仰、学历、经验、才识、信誉以及人脉。不知为何，这些因素让他度过了那段艰苦日子。他告诉我，尽管他已经失去了其他的一切，但是没有人可以夺走这些。你可以理解为什么他坚持尽可能地让我获得最好的教育。他和我的母亲说到做到，供我到哈佛大学读书。即便你没有我那么幸运，依旧应该尽可能得到最好的教育。

你有责任合理使用那些非物质资产。你的青春、精力、健康、才识，以及来自父母、教练、老师等其他的社会影响力对你是莫大的恩惠。这都是上帝给你的礼物，你可能认为这些资产是你"赚取"的。请再想一想，你努力学习，终于毕业，擅长某些运动，工作成绩优异。恭喜你，你成功了！但请记住你生活的地方！如果你正在读这篇文章，说明你能从你居住的民主社会中受益，并享受良好的公共教育，也许你也从挚爱你的父母那里得到了安慰，保护和鼓励。

如今你已坐拥信仰、学历、经验、才识、信誉和人脉等优异条件，作为一个负责任的人，你要怎样使用这些资产呢？为了方便记忆，可借助首字母缩略词来记忆。你的非物质资产是你的 FIRREE 资产（念作Fire）：F 代表信仰，I 代表智力，R 代表声誉，第二个 R 代表关系，E 代表教育，另一个 E 代表经验。要对你的非物质资产负责任，你需要小心的只是……别浪费了你的 FIRREE。

如果任何能加强 FIRREE 的机会出现，请毫不犹豫地抓住它。拓展你的资产，这可能意味着增多它的数量甚至是运用它让他人受益。我们家庭最近的经历正好提供了一个案例。

2013 年，我的女儿魏洁茹独自一人造访了中国。我的中国朋友林意晶（Yi Jing Lin）在魏洁茹抵达后照顾她。在为期四周的时间里，意晶带着魏洁茹走访了上海和北京。魏洁茹还在位于中国东北长春的一所女子足球学院独自度过了四天，与准奥运会女选手一起玩、一起生活。这无疑是一次非凡的冒险之旅，不仅开阔了她的视野，提高了她的普通话水平，也增强了她的自信心。

魏洁茹尽责地运用了自己的资产。随着你的财富不断积累，你的影响也会越大，同样地，你的责任也会更大。

对你的沟通方式负责

责任感最后一层面涉及如何与别人沟通的问题。拉丁语"沟通"一词起源有"分享"和"让某事变得通俗"两个方面的意涵。这具体指的是，在沟通过程中至少要有两个或以上的人，接收到了你分享的信息或知识。所以沟通并非单方面，而是当

你清楚表达了你的意思，并且你的对象明确理解了你的信息，沟通才会起作用。无论是书面形式还是口头形式，这个原则都适用。

上帝给了我们两只耳朵和一张嘴是有原因的。良好的沟通需要倾听，而不仅仅是单纯的说或者写。我承认，我说得和写得太多，而听得不够。选区印第安长老赐予我的土著名字翻译过来是"会说话的雄鹰"，而不是"会倾听的雄鹰"，这绝非巧合。

同样地，如果你不时刻注意你接收外界信息的平台，沟通也会出现问题。我在当议员时学到了这一点。我每月平均收到5000封来自办公室以外的电子邮件，电子信箱总是爆满。我无法跟上那些信息，对于我们的新闻报道也是断断续续的，我不知道何时我的选民就会因为我没有回复他们的电子邮件而责怪我。

事情的转折在2012年2月，当时我接到了议会大厦"圆形大厅"（the Rotunda of the Parliament Building）的电话。来自西温哥华马尔格雷夫高中（West Vancouver's Mulgrave High School）的60多名学生刚到那里。一位职员通知了我，我匆匆忙忙地赶了过去。作为从政职责的一部分，我经常接见来自选区的参访者。当然，我要欢迎这60位年轻的加拿大学生以及他们的老师。使我感到困惑的是，他们怎么能在没有通知我的情况下，直接来到渥太华？后来我发现，他们曾试图通过电子邮件和我沟通，却没有得到我的回复。

但当时我的反应却是有点生气。他们为什么不在西温哥华或渥太华打电话给我的办公室？老师则告诉我，他习惯以电子邮件和他人取得联系，而不是打电话，这么做是为了确保在通信方面有书面记录。我不赞同对电子邮件过分依赖，电子邮件成功发送是建立在你得到收信人回复之上的。要使此类通信方法成功达成沟通目的，你需要执行以下几个步骤：你确实从系统里发出了电子邮件；预计收件人的系统收到你的电子邮件；对方的某个人打开了它；收件人是符合预期的那个人；并且对方确实读了这份邮件。如果缺少了其中的任何一个假设，那么你的电子通信就算是失败的。在这个案例中通信显然是失败了，但责任依旧归我。

为了追求卓越，我不得不改变运作方式。我所在的办公室沟通系统并不完备，因此我重新分配了众议院的预算，并任命了专职负责管理通信的工作人员保罗·欧林纽克（Paul Oleniuk）。他创建了一个确保我们能阅读到每封电子邮件的系统，对不同邮件进行分类，并在适当的情况下进行回复。我对以往处理电子邮件的方式感到不满，但对保罗重建的系统，以及帮助他并向他汇报信息的志愿者感到自豪。其中有一个关键点是：我必须亲自参与准备发给选民的邮件。我的团队通过新版系统把选民的要求进行了分类，并使用了一份通用模板对存在相同要求的邮件进行回复，但所有新增的内容都必须先经由我批准。

我吸取的教训是：一个有责任感的人需要理解，沟通的两个方面是倾听和回应。事实上，特别在这个远程传输极为便捷的时代，我们会陷入单向沟通，常常忘记必须是双向的沟通才是完整的通信过程。

顺便说一下，你可能想知道来自马尔格雷夫高中的学生们后来怎么了？当意识到这一群西温哥华来的人正在附近时，我立刻调整了我的行程。我急忙跑到圆形大厅与他们见了面，然后邀请本该分坐两辆车的学生一起挤在一辆大巴上，这样一来，当大巴在国会大厦外打转时，车上的扬声器让我能够轻松回答这些学生的问题。他们见到了他们的议员，而我学到了一堂重要的沟通课程。

结语

孩子们会发现总有一件事是我们作为父母很希望看到的。我们一生都在为孩子的健康和福祉操劳，我们希望每个人都能珍视自己的祖国以及父母带来的一切。我们希望你珍惜自由这项权利，并意识到还有一些人在努力尝试获得自由。我们希望你接受教育，并认识到还有许多年轻人从没有受过教育。我们希望你保护大自然，而不是浪费各种资源。我们希望你能够很好地对待家庭这份无形资产，并延续我们这一代为你创造的一切，甚至是去扩大家族的财富。我们希望你对弱势人群负责，就像你是他们的监护人一样，用你的资产，做一个更无私的人。为了你和你即将为社会贡献的一切，请重视并履行你的责任。要真正"上道"，你必须培养自己的"责任感"。

上！"同理心"

领袖们必须怀有同理心

你可能会觉得，任何提起"同理心"话题的人都犹如特蕾莎（Teresa）修女一样，内心装着一个善良、友爱、细心的灵魂。如果这些是你期望看到的，请立即放下本书，跳过本章，去跑步或打电话给你最好的朋友。我乐意帮助别人，也常有心有余而力不足的时候。我敢笃定地说，很少人能百分之百做到这一点。说实话，我雄心勃勃，不够耐心，内心常常充斥不安，这些品性都与同理心背道而驰。但反过来说，一些我生命中的高潮时刻，一些我自觉激昂奋进的场合，也正是我从同理心出发行动的时候。

要发扬同理心的理由是：这是"对"的事，它还会产生两个不那么直观的好处。第一，同理心会产生意想不到的回报，比如在自我感觉、人脉的建立以及其他非经济的好处方面。第二，同理心为你打开了一扇门，让你达成得比想象中多。每当我敞开心扉，释放同理心时，神奇的事情发生了。资源自你意想不到的角落泉涌而至。如何去启动同理心的责任可能要由我来承担，但最终不一定由我来完成整个过程，下面举一些例子说明这两个原则。

为什么要去承担风险？

我喜欢和孩子们一起旅行，尤爱在旅途中发生的一些意外插曲。印象最深的是和我女儿魏洁茹从渥太华开车到蒙特利尔的那次旅行。当我们在奥林匹克体育场观看了加拿大女子国家足球队的比赛后，在老城区闲逛，女儿的几个足球队队友和她们的父亲也加入了我们，平添了乐趣。

球赛结束后的早晨，我和魏洁茹在蒙特利尔的街道上跑步。我们爬上皇家山，然后又回到麦吉尔大学（McGill University）校园。在那里，我们见到了拉乌尔·瓦伦贝格（Raoul Wallenberg）的雕像，这位瑞典英雄曾经庇护了从纳粹手中逃出的犹太人。雕像下的纪念碑上刻着犹太圣经《犹太法典》（Talmud）中的一句话："救人一命即拯救全世界。[23]"当我们大步返回酒店时，谁也没注意到下雨了，因为我们沉浸在有关《犹太法典》的教训是否有理的讨论中。魏洁茹指出，反正瓦伦贝格拯救的人迟早还是会死，出头冒险保护那些人的生命有什么价值？对此我们谈到瓦伦贝格的英雄行为带给人们继续生活的机会和随之而生的快乐、创造、财富以及欢笑。拯救一个人时你会看到他内心最深处的欲望，即生存本能，它也使被拯救的人为他人的利益行善。我们从未见过拉乌尔·瓦伦贝格本人，但可以想象，他自己也从善行中获得了巨大的精神回报。

因同理心而产生的额外福利

所有伟大的宗教都鼓励人们帮助那些有需要的人。作为犹太立法者和国王，所罗门（Solomon）曾写道：

"你当为哑巴开口，为一切孤独的申冤。

你当开口按公义判断，为困苦和穷乏的辩屈。[24]"

所罗门并没有说，帮助有需要的人，你会感觉很好。他的意思似乎是，"这样做是因为这是正确的做法，是上帝的旨意"。这些我都同意，但你还会得到一项他所言之外的回报。

我记得自己曾在哈佛大学为第三世界发展机构乐施会做志愿者，尽管我的贡献不多。那次我参加了组织会议，在居民区中拉选票，分发信息并筹集资金。我不能说自己是否真正帮助了哪一个饥饿或身处绝境的人，当你在一个庞大的组织里时，有时候真的很难知道这些。虽然我很难记起大学时代 50 位同学的名字，但我永远不会忘记和我一起分发乐施会传单的两位志愿者科莱特·克里珀（Collette Creppel）和凯莉娜·坎波巴索（Carina Campobasso）。我们都希望帮助有需要的人。我很享受与柯莱特和凯莉娜这类人见面的时光，他们共同致力于有同理心的人生目标，为分担他人的忧患而奋斗，设身处地为他人考虑。关心他人的人往往比只关心自己的人更有趣。富有同理心的人更容易相处，思维更开阔，还能带来许多多彩多姿的世界性经验。

且不说我们行善助人有多大功德，与我一起致力这些善举

的朋友们还让我培育出一种信念，那就是我能真正为世界做些好事。而且，从纯粹自私的角度来看，这让我很开心。为别人的需求付出有时候可以为自己赢得友情和自尊。

当同理心消失时

驱使我写这本书的原因之一是最近的政坛缺乏同理心。2016年美国总统大选留下了一大堆混乱。规则被打破，公约被推翻。且不说其他，在西方民主国家的政治竞争里，从未出现过如此负面的情绪。选民大多不喜欢这两位候选人，但最后只能把票投给反感较少的人。在通往胜利的道路上，唐纳德·特朗普表现出粗俗、自负和对某些群体的不尊重，而非同理心。

这一令人瞠目结舌的竞选行为打破了候选人的底线。事实上，最出人意料的是媒体所表现出的公开偏见。我们曾寄希望于记者的准确性和客观性，但记者们时常针对特朗普表现出明显的恶意。的确，特朗普激怒了他们。不过，他们所做的也只是挑衅回去。每当有记者明确表示鄙视特朗普时，这种言语似乎并没有伤害到特朗普本人，只会导致记者的可信度下降。特朗普激怒了记者，记者却让自己降低到和特朗普一样的水准。

例如，在就职典礼日（Inauguration Day），《国家邮报》（National Post）的作家阿什利·乔纳迪（Ashley Csanady）在推特上侮辱特朗普。不是针对特朗普，而是针对他 10 岁的儿子巴伦（Barron）。她写到他儿子的"一副臭脸"。这种行为对记者信誉的损害甚于对特朗普一家产生的伤害。试问什么样的记者会攻击一个 10 岁的孩子？任何家长至少都会尊重这个男孩敢于同他父亲一起站在公众面前的勇气。乔纳迪对这一切视而不见吗？我们希望记者揭穿政治人物的谎言，我们依靠记者来分析领导者在政策上的言行不一。可一旦乔纳迪让我们知道她有多么讨厌特朗普，她的读者再也不能相信她还能进行客观的报道了。

无独有偶，好莱坞出现了类似的情况。在戏剧表演中，当一个演员的表演不符合他所塑造的角色时，"出戏"的情况就会发生。"出戏"会改变你对演员和角色的看法。因此，当演员亚历克·鲍德温（Alec Baldwin）在特朗普总统就职典礼前夕，放弃了他著名的特朗普模仿秀，发表了一场扣人心弦的演讲时，他完全转移了我们对其戏剧性才华的注意力。讽刺的是，他本可坚持自己的职业角色，更多地专注在呈现特朗普的缺点上。当鲍德温扮演的是他自己而不是特朗普时，或许他自我感觉良好，但这样一"出戏"，他的戏剧魅力就消散殆尽了，就像记者放弃客观性，失去自身信誉一般。

真正的重点不在于责备乔纳迪和鲍德温，而要思考是什么原因导致一群记者和演员把仇恨厌恶都写在脸上，部分原因是特朗普明显缺乏同理心。

特朗普本可以表现出善良一面时，他却嘲笑起了某位《纽约时报》（New York Times）记者的残疾[25]。他打击非法移民，强调其非法性，却忽视了难民的困苦。他的"总统首秀"之一是与澳大利亚总理马尔科姆·特恩布尔（Martcolm Turnbull）进行了一次引发争议的电话会谈，他在电话中威胁要放弃重新安置1250名难民的协议[26]。想一想特朗普的难民政策，再比较下德国近年来允许的近百万叙利亚难民入境的政策，以及哈珀和特鲁多所接纳的难民政策吧。

特朗普为他遴选百万富翁和亿万富翁组成内阁一事辩白，他认为财富代表着他们的成功。因此，在他看来，他们有能力胜任协助他领导国家的职责。然而，中间却缺失了与他应该服务的人民大众的联系。讽刺的是，特朗普承诺"扫除华府精英洲籔"。但我们真的可以期望那些囤积如此巨额财富的人去倾听并关注人民的需求吗？当他身处和他一样富有的人之间时，他将怎样知晓民声？作为自由世界的领袖是否只应该为富人、健康的人和强者说话？事实上，特朗普最负盛名的公众言论将他置于同理心对立的一端。他凭借自己在真人秀节目"谁是接班人"上疯狂解雇、侮辱别人的行为而声名大噪。

他缺乏同理心的标签使专业人士难以再以客观态度对待他。他既不提供也不寻求同理心，对这一切不屑一顾。戴着"缺乏同理心"的标签，他自创了一个所有人都讨厌他的世界，无论接下来的政策怎么样，人们都会像乔纳迪和鲍德温那样对待他。

"我的邻舍是谁?"

《圣经》中许多故事都对英语词汇有很大影响。《路加福音》中耶稣讲述过一个撒玛利亚好人的故事[27]。他讲到一名受害的犹太人，被抢劫殴打，扔在路边等死。先是有两个有地位的人士路过，像耶稣一样，他们都是犹太人，但这两人都无暇救助一个陌生人。第三个路过的是一个撒玛利亚人，他来自撒玛利亚地区。撒玛利亚人和犹太人有许多共同之处，但他们的信仰不同。他们的族长告诫子民不可与异族交往。因此，撒玛利亚人若要帮助身处困境的犹太人，就要打破极其严重的禁忌。

撒玛利亚人停了下来，照顾并擦拭受害者的伤口，带他到附近的一家旅馆，并支付了住宿费用。故事的最后，耶稣指出撒玛利亚人是一个"邻舍"[28]。为什么这个词那么重要？因为耶稣把《圣经》的66卷概括成两条诫命：爱上帝，也爱你的邻舍。

这个故事鼓励我们通过帮助有需要的人来挑战自我，同时它也避开了对于邻舍一词精准定义的讨论。我们所知道的是，故事中的受害者就是撒玛利亚人遇到的需要帮助，而他恰好可以回应的人。这个故事是阐述同理心最伟大的故事之一。耶稣的观点是：当一个人有需要时，真正的同理心应该超越一切人与人的差异与障碍。

勇气与同理心同行

同理心通常与勇气同时出现。《圣经》中的撒玛利亚人、拉乌尔·瓦伦贝格以及其他任何你能想到的富有同理心的人都是勇敢坚毅的。让自己置身麻烦之中去帮助别人需要胆量。你做的事情可能会让你面临风险。也许你会为自己的财力、时间、能力方面的不足而疑虑，也许你正在帮助的是一个难缠的人或是一个不欣赏你的人，也许你所做的事不够"潮"——因为每次我出于同理心做事，也会碰上这些疑虑。正如"自由"一章中所述，当初我在营救那些在国外被捕入狱的加拿大人时，情况确实如此。

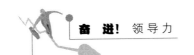

卓越无须妥协

对人的善良并不意味着你应该鼓励做事平庸。过分追求融洽而毫无界限会产生另一种问题。友善的态度是受欢迎的，但这未必是一个优秀领导的同义词。虽然贾斯汀·特鲁多的"一个民族平等对待另外一个民族"言论能使人感到宽慰，但他在原住民事务方面的处理方法是行不通的。正如"平等"章节中讨论的那样，这种方法会制造出无法实现的期望。没有责任心的同理心会导致混乱的局面。

拥有同理心可以使你在工作场所迸发出重大的影响力。从国家层面讲，倾听民声并真正关心人民的领导者可以使人民更加团结。从公司层面讲，老板对员工的关心能提高员工对公司的忠诚度。如果你的团队中有人生病，那么请关心他；向团队中的每个人展现出你对他们的关怀。无论你在组织中身处何位，你的同理心都会感染别人。我的一名助手在任务限期前夕病倒，其他工作人员一起出力收拾残局，承担了她的责任。那些关心他人的人会鼓舞整个团队的士气。

当你想要解雇某人时，这样的方法也同样适用。如果你已经尝试寻求其他解决方案但毫无起色，那么请向员工解释，帮助他转职，而且要想想你的决策会产生多大的影响。好几次，在重组我的议员办公室时，我不得不做出这样的决定。每一次，我都试图将我们的宣言应用到员工上，这一宣言构筑了我们行动和论述的大纲。我所领导的团队理应"按照我们的价值观，不存畏惧或偏袒之心，饱含热情，有效率地为我们选区的人民服务"。因为这份宣言饱含同理心在内，所以如果我连自己的员工都不照顾，还谈什么为选民服务？我并不是每次都能成功，但我会试图在工作场所以同理心为标杆。正因为这样，我所在工作团队的成员无比团结，即便后来不在我这里工作了，他们仍能彼此关照。

同理心使人团结

同理心使人团结，它常将持相反政治和哲学观点的人聚集在一起。穆斯林教长阿加汗（Aga Khan）在访问加拿大议会期间表示，作为良好的公民身份要与那些文化或种族与你不同的"他者"保持一定的关系。身处不幸或逆境中时尤其如此，这正是人们找到彼此共同点之时。

新民主党负责人、国会议员杰克·莱顿（Jack Layton）于2011年因癌症去世印证了这个说法，全国性的悲伤情绪跨越了党派阵营。为何"魏高山"有如此大的影响力，可能在我首次结识他时就知道原因了（顺便提一下，大家都叫他"魏高山"）。他曾参加过我组织的一次为国会议员设立的游泳活动。他的妻子邹至惠（Olivia Chow）同他一样，也是一名新民主党议员。她经常和我们一起游泳，我觉得我们三人之间也因此建立了一定的亲密关系。活动期间，我们在更衣室聊了很多和政治无关的事情，大多关于如何平衡工作和家庭之间的关系。

人们喜欢魏高山，因为他给他的党带来一个具有同理心且人性的形象。在他去世时，哈珀总理为他举行了国葬。国葬是一项大型的、肃穆的公共仪式，通常只为在任内逝世的总督、总理和内阁成员所备[29]。哈珀为魏高山破例，展现出了他良好的领导能力，这次破例也反映出人们对魏高山的感情。

2014 年，前财政部长吉姆·弗拉赫蒂去世后，公众也出现了类似的反应。他隐退官场后，因同情民众而闻名。除了成功实施"注册残疾储蓄计划"（The Registered Disability Savings Plan），为身有缺陷的家庭成员提供经济援助以外，他还做了很多善事[30]。由于弗拉赫蒂的幽默和同理心，国人不分党派都喜欢他，哈珀同样也下令为他举行了国葬。

整个社区都会因同理心而凝聚在一起，在我执政选区范围内的宝云岛（Bowen Island）就发生过这样的事。一对住在那里的夫妇因国际收养案而陷入困境，这件事使人们团结了起来。这对夫妇试图收养一对来自加纳的双胞胎新生儿，他们的母亲在分娩时死亡，和其他非洲农村遇到的情况一样，因为医院文件不完备，加拿大移民官员质疑生母死讯是否属实，他们怀疑其中存在潜在人口贩卖的嫌疑。我和同事采取行动填补了选民和移民官员之间的歧见鸿沟。你相不相信，我们花了一年多的时间才完成这整个过程。当时，来自宝云岛的养母顶着巨大的财务和家庭压力，大部分时间都住在加纳。

有一天我在宝云岛，正准备与当地商会会面。在我到达现场之前，主办方打电话告诉我，有 60 多名居民决定举行抗议以支持这个收养家庭。主办方以为我会取消会议，但我为什么要这样做？正是那份同理心激励了抗议者，如果我不能站在同理心这边，我会变成什么样的领导者？虽然我理解移民官员的立场，但似乎人口贩运问题站不住脚。我忠于我的选民，忠于一份可以改善人们生活的有价值的事业，为此我决定继续参加商会会议，并特意在往途中停下来与每位抗议者交谈。他们叫喊着："把孩子带回家！"有些人可能预料我会与他们争论抑或是躲着他们。恰恰相反，我选择加入他们的阵营。

我在议员任期中看到过一个关于同理心的最好例子。有两位选民，欧内斯特·朗（Ernest Lang）和法里德·罗哈尼（Farid Rohani），他们为恐怖组织伊斯兰国（Islamic State in Iraq and Syria，ISIS）策划实施的耶齐迪教徒（Yazidis）灭绝事件和那些受暴力影响的受害者信息感到心碎。他们该如何让大众知晓他们关心的事？当时，我提议举行一个不分党派的集会。他们建立了一个名为"正点加拿大人"（Regular Canadians）的非正式协会，以宣扬他们关心的事，后来他们在温哥华市中心组织了一次市政厅会议。

他们绝对想不到，定于2014年10月的那次会议，将会在黎塞留（St. Jean-sur-Richelieu）的致命车祸袭击事件和国会山的枪击事件发生一周后举行[31]。除了法里德、欧内斯特和我，还有两位发言人，一位是自由世界国际组织的创始人玛吉德·艾尔·沙菲，他为伊拉克的受害者提供基本生活用品；另一位是移民与多元文化事务部（Immigration and Multiculturalism）部长杰森·肯尼（Jason Kenney）。大约有80人出席当时的会议，凡你想得到的各行各业的人都有，其中45人发表了激动人心的以团结为主旨的演讲，这全都是由于同理心在背后推动。

你拥有比你想象更多的资源

如果你是一个富有同理心的人，你将不可避免频频陷入困难，被敌对势力超越的境况。也许你应该拒绝挑战，要不你就把眼光放远，不要只聚焦在自己现有的资源上。

每当我着手发动一项"壮举"之时，贵人、关系、信息、金钱和其他资源就会奇迹般地出现。这种情况的的确确让我惊讶不已。我们完成"责任感"一章中描述的"大山酋长"时就发生了。这种事发生在我为那些关押在偏远陌生之地的加拿大人奔走时。正如"自由"一章所述，令人难以置信的团队聚集在一起，倾力从沙特阿拉伯解救出比尔·桑普森（Bill Sampon），从墨西哥解救出帕维尔·库里斯克（Pavel Kulisek），以及在巴基斯坦功败垂成的营救贝弗利·吉斯布雷西特（Beverly Giesbrecht）。凭一己之力，我绝对无法做到这些。每次事件一发生，我就知道自己需要帮助，但不知道援助可能来自何处。每一次，卓越的团队就此组成。

让自己置身于充满同理心的人群中

在生活中，你可以选择你的同伴，如果有机会与将同理心作为核心价值观标杆之一的人在一起，那就不要错过。

在我选区的社群团队中，格温·麦克薇克（Gwen McVicker）和多蕾莎·雷（Dorothea Rae）两位姐妹领导的是最有影响力的团队之一。她们经营着温哥华市中心东区的"大房间"（The Great Room）和阳光海岸的维多利亚风格的"林伍德大院"（Linwood House），距离温哥华只需坐一个多小时的渡轮和汽车。两位姐妹经营的这两家机构，都是专为协助妓女与吸毒者而设的。格温和多雷莎化身为同情他人的天使，取得了很好的成绩。我把她们两人介绍给其他国会议员，尽我所能宣传她们的工作。

但我想更进一步地宣扬她们的事功，并让我自己办公室的同仁们得以直面这份同理心。因此，在我们选区的年度规划和优先事项会议议程中，我安排了我的整个团队在"林伍德大院"住一天。我们同睡在林伍德大院的床上，这些床通常是市中心东区的女孩们睡的。我们享受同样的关照和骨瓷盛的美味食物。当亲眼目睹这两位女性在她们本职上的卓越奉献时，团队中的每个人都非常感动。我们亲眼目睹了她们的同理心，了解到什么是真正的服务。

同理心与保守党

无论在世界任何地方，人们通常都不会把保守党与同理心这两个词联系在一起。在加拿大，如果保守党人说贾斯汀·特鲁多"有心无脑"，那么相反地，对斯蒂芬·哈珀的批评则是"有脑无心"。这样的评论可以说都是过分草率且不公平的。

在哈珀时代，联邦政府中的保守党可以做更多的事情，来宣扬他们富有同理心的举措。有一些突出的例子。我们有像泰伦斯·杨这样实力强劲的成员，他的女儿瓦内萨（Vanessa）因服用处方药出了问题而去世。为此泰伦斯写了一本名为《处方药致死》（*Death by Prescription*）的书，后来他当选了奥克维尔的议员，并促进通过一项个人法案，即瓦内萨条款（Vanessa's Law），该法案改善了处方药标签的使用状况，提高了药品的问责度。在同理心的驱使下，泰伦斯的目标是关注那些可能会像他女儿一样，成为危险处方药受害者的人。保守党本可以做更

多的工作，扩大影响力，努力向人们表达我们的关心。

我认识的所有保守党人几乎都是富有同理心的人，他们只是不愿显露出来。保守党人需要增强他们富有同理心的公众形象。尽管斯蒂芬·哈珀以"慷慨待人，造福人民"为宗旨执政，但他的公众形象并没有充分表现出这一点，同时，他镇定自制的性格使他显得过于依赖自己冷静的头脑。当贾斯汀·特鲁多赢得自由党的领导权时，人民欣赏的主要在于他向世界展示的更善良、更富有同理心的那一面。

保守党人通常表现得擅长经济管理，而自由党人则善于照顾他人，没有一个党能兼得鱼和熊掌。如果保守党人披上同理心的外衣重新包装自己，他们就能凭借金融信息的掌握权拿下胜局。降低税收，刺激经济和创造就业机会是减少贫困，防止药物滥用和提高民众教育水平最有效的策略。然而，保守党人却经常将经济收益本身视为终极目的。

要改变真的没那么困难。近年来，酗酒和药物滥用是很好的例子，保守党本可以因此轻而易举地取得进展，但却浪费了这个可以表达他们重视的宝贵机会。药物滥用的受害者人数众多，专家说，每年有 1/5 的加拿大人会遇到心理健康或药物成瘾的问题[32]。加拿大药物滥用中心（The Canadian Centre on Substance Abuse，CCSA）认为，每一个吸毒者的背后，就有 15 个人会直接受到影响，包括家庭成员、同事、老师、教练和朋友。

解决药物滥用问题

在议会工作时，我始终贯彻带着同理心做事的核心。作为一名国会议员，而不是坐在内阁的权力中心，把一项法案变成法律是一大挑战。但当我看到许多加拿大人深受毒品的影响，尤其是温哥华和我选区的人们，我只有选择采取行动。我觉得这是一件富有同理心的事情，是一个正确的行动，是一场艰苦的战斗，值得尝试去克服所有的障碍。

2011 年，我的个人法案 C-475 得到通过，旨在解决冰毒和摇头丸问题。在该法案成立的过程中，我会见了许多对于毒品问题的方方面面都非常熟悉的人。其中包括宝云岛奥查德戒毒中心（Orchard Recovery Centre）的药物成瘾者以及一位著名的加拿大皇家骑警官员，他向我科普了很多药品问题的知识。后来我和一名温哥华警察走到市中心东区，在温哥华著名的合法自助注射药品的安全注射屋（Insite）度过了一个难忘的下午，并与戒毒康复运动的领导者密切合作[33]。

处方药方面，我提的法案就不太成功，但我为加拿大全国处方药归还日（National Prescription Drug Drop-off Day）的创建立下了汗马功劳，并向议会提供了个人法案 C-692，即合理使用处方药法案[34]。正如 2015 年 6 月我在众议院介绍 C-692 法案时所说，该法案旨在建立一个联邦法律框架，以满足正确使用处方药的需要。若获通过，它本可正式确立国家处方药归还日，并成功减缓药物滥用的趋势。加拿大是世界上人均鸦片类药物使用量第二大的国家，死亡率和医院就诊率因处方药使用不当而不断上升。最近发生的芬太尼药物致死事件（Fentanyl-related Deaths），更突出我的第二项法案可以发挥多大作用。

不幸的是，该法案未能赢得总理办公室的足够支持，尽管后来成为保守党败选后临时领袖的卫生部长萝娜·安布罗斯

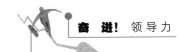

（Rona Ambrose）很喜欢我们的反药品滥用提议。显然，药品滥用不符合保守党政府的优先事项次序，降低税收、刺激经济和创造就业始终位居榜首。我并不反对这些优先工作。但是，向被药物滥用和酗酒困扰的人们展示更多的同理心，难道不是民众的需求吗？我的一位导师，前众议院议长约翰·弗雷泽（John Fraser）这样说道："保守党人代表四个C，"他说，"社区，能力，保护和同理心。"总理办公室的人并不反对C–692法案，但从未将控制药物滥用列为首要任务，至少不足以重要到成为政府施政方案的一部分。当议会后来于2015年6月开议时，C–692法案阵亡在议程表上，作为个人提案，连排队都没机会。哈珀本可以献出更多的人文关怀，赢得公众的赞誉，并且不会对他令人钦佩和成功的经济议程造成任何影响。迄今我仍然希望国会议员或政府能够看到C–692的价值，去推行这个法案。

结语

奋进的人让同理心腾飞。他们的回报往往是出乎意料的、持久的，不同于金钱等物质回报，或名誉这类转瞬即逝的回报。同样令人惊异的是，当你致力于同理心的事业时，资源总会以出人意料的方式出现。

领导者若想要对社会产生重大的、可持续的影响，必须展现同理心。民粹主义浪潮打了传统政治人物的脸，艺人和传播者纷纷乘虚而入，占据舞台。当真人秀明星无法满足观众时，公众将把视线转向更有持久性的东西。

如果领导者一味追求经济发展，而不兼顾救穷救难，最终也会失败。有人说，水涨船高，经济发展了，其他问题都会迎刃而解。但我敢打赌，如果特朗普没有表现出同理心，无论他在刺激经济方面取得多大成功，人们都会鄙视他。没有同理心，经济上的胜利都是空洞的。如果就业率和经济发展是西方领导人成功的量尺，那么就会有越来越多的选民和员工质疑："领导者真的关心人民吗?"永远不要忘记，金钱、经济繁荣甚至工作本身都是更重要事情的垫脚石。这些事物使人得以维持生计，但人民渴望的更多，他们希望参与一个有良性互动，有实现自我特质的和谐社会。人民会关注领导者的努力程度，而不仅仅是他的政绩。

2015 年加拿大大选，保守派的策士们在选战技术操作上都没问题，但他们并没有表现出同理心。结果我们付出了惨痛的代价，我们未能表达的同理心成了我们最后失败的根源。选民们把保守派拒之门外，转而支持另一位领导者，即便他缺乏许多基本的领导能力，但却极具同理心。他看来更接地气，更在意民众。他表现出同理心，于是他"上"了!

上！"勇气"

说真的，我为自身的懦弱感到害怕。鉴于我的成长经历，我不知道自己是否有足够的勇气去面对生活的重重挑战。有一个曾在战俘营中幸存下来的父亲，让我时常怀疑：如果自己遭遇这种境况，能像他一样撑下去吗？我是否会足够坚强得以生存下去？我有勇气直面恶霸吗？在纳粹德国时期，善良的人冷眼旁观，让邪恶肆意横行。要是你我当时在场，会有勇气站出来发声吗？

领导力需要勇气来铸就。勇气是一种长久的状态，而不是一次性的消耗品；它不会是一下有，一下没有的，而是由最初的一点点慢慢汇聚起来的。那些培养勇气的人就像是不断栽培植物的园丁，而勇气会在发奋向上的人心中茁壮成长。

培养勇气的方法是让自己周围都是高品格的人，如领导、同事、志愿者和家庭成员。学习他们最好的特质，从他们身上获取勇气。勇气带给你独立的立场，并且脱离那种强迫违背自己意愿的从众心理。当勇敢变成习性之后，即便别人都做逃兵，

你也能一夫当关。

相较于许多人在日常生活中所面对的艰辛痛苦，我不觉得自己有多勇敢。一旦牵扯到难民、被高压政权迫害的民权倡导者、付不起房租的单亲等难题，我个人也提不出什么好例证、好办法。我在本章中重点讲述的都是我自己处于激昂奋进状态，在那个当下我克服了疑虑，做了正确的事。无论我发挥了何种勇气，通常一半来自他人的支持，一半来自内心。我的信仰也是一个重要因素。在永恒的时间框架内，恐惧其实并不那么令人生畏！

从他人身上学得勇气：玛吉德·艾尔·沙菲与巴基斯坦

每年，全世界有成千上万的基督徒因信仰而殉难[35]。我在伊拉克了解到，也有无数穆斯林因其信仰问题而被杀害，通常是死于不同教派的穆斯林之手。这些伤亡数字让人难以理解。在你亲眼看到他们一个接一个被处决之前，这仿佛是一个不真实的或是超现实的离奇故事。在西方世界，自由对我们来说是如此习以为常，因此当我们看到在世界上其他地方，竟有人仅因信仰问题被杀害时，更觉得非常难以接受。

我与玛吉德·艾尔·沙菲的初次会面是在安吉洛比萨餐厅的某个晚上，这家餐厅在我居住的渥太华公寓大楼附近。当时餐桌旁还有两人：我的助手温迪·诺贝（Wendy Noble），他是一位热心的人权倡导者，以及非营利性组织国际人权组织"大同世界"（One Free World International，OFWI）的副总裁安娜-李·齐博（Anna-Lee Chiprout）。温迪告诉我，玛吉德在自己家乡埃及曾因皈依基督教，宣扬人权而受到折磨。戏剧性的是，他乘坐滑水艇成功逃亡到以色列。而以色列当局不知道如何处置他，只将他关押了一年。后来他以难民身份来到加拿大，他在多伦多的基地起家，创立了"大同世界"国际人权组织[36]，这是一个为全世界沉默的人们发声的组织。在听了玛吉德的任务计划以及温迪的高度赞誉后，我想与他会面的意愿越发强烈。尽管我俩素昧平生，但基于温迪对玛吉德的高度推崇，我在考虑是否该与玛吉德一同前往巴基斯坦进行一次宣传人权的任务。究竟该去或是不去，取决于那次安吉洛餐厅的会面。

那晚，玛吉德刚介绍完自己，就向我索取护照——他期望帮我拿到前往巴基斯坦的签证。他以往的经历让他对自己的志业充满了活力和热情。他标志性的黑色幽默平衡了他的直言不讳。没有一点拐弯抹角，如此开门见山的介绍就足够了。玛吉德希望他的旅行中有一位国会议员帮助他打开会见外国领导人的大门。他在过往的旅行中了解到，在大多数情况下，外国人实际上比加拿大人自己更尊重加拿大的议员。

几天后，我们飞往伊斯兰堡，几周前恐怖分子才轰炸了这座城市里的万豪酒店。这便是我与一个勇气非凡的人建立友谊的开端。除了2009年的巴基斯坦之行外，我们还在2011年对伊拉克进行了另一次关于人权任务的访问。玛吉德不怕子弹，不怕金融破产，不怕政治压迫以及任何其他企图阻碍自由发展的事物。在人权问题上，他随时准备责问政府，他投入无数个小时的精力，采取一切措施来帮助弱势群体。他走在为生命和自由而斗争的前线。

玛吉德在很多方面都展现出了勇气，包括他在面对财务压

力时做出的决定。"大同世界"国际人权组织承担了我们在巴基斯坦和伊拉克任务的费用。这项财政支持至关重要，因为我们没有任何政府资金可用，而我的选民不一定会同意我们拿着纳税人的钱来完成海外人权工作。

我们一起执行的两项任务充满安全隐患。在这两个国家，我们都要穿着防弹背心，坐在装甲车里，被警卫护送着。我们能听到附近的爆炸声，但我们从未被真枪实弹伤到过。

我们在巴基斯坦的目标是为少数民族的权利向巴基斯坦领导人呼吁。换句话说，我们在一个穆斯林人口超过 95%的国家代表非穆斯林人士发声[37]。许多非穆斯林受到伊斯兰教法的威胁。伊斯兰教的法律立基于教法信仰，由巴基斯坦和其他国家的民政当局实施生效。根据巴基斯坦的伊斯兰教法，与基督徒在其他事情上发生争执的穆斯林可以指责基督徒接受穆罕默德的名号是口是心非。根据伊斯兰教法的"亵渎神明"规定，侮辱"先知"可能导致监禁或处决[38]。玛吉德手握证据指明穆斯林工厂厂主利用伊斯兰教法来奴役非穆斯林人。除了对伊斯兰教法权力滥用问题表示担忧，他还提供了巴基斯坦大范围贩运人口问题的证据。

玛吉德的坚持得到了回报。我们后来会见了当时的三位巴基斯坦内阁部长：外交部部长马克图姆·沙阿·迈赫穆德·侯赛因·库雷希（Makhdoom Shah Mahmood Hussain Qureshi）；人权部长赛义德·穆姆塔兹·阿拉姆·吉拉尼（Syed Mumtaz Alam Gillani）；巴基斯坦首位联邦少数民族事务部长沙赫巴兹·巴蒂（Shahbaz Bhatti），同时他是最倾力帮助我们的部长。作为巴基斯坦唯一的非穆斯林部长，巴蒂自身的处境是最险恶的，因为他反对伊斯兰教法并直言不讳地捍卫少数巴基斯坦宗教群体的权利。

三位部长尊敬地听了我们的意见,并没有否认我们的担忧,出乎意料地,还对我们访问巴基斯坦致谢。他们希望促进巴基斯坦与加拿大关系的发展。他们对我们的观点持开放态度,与我们一样关心这个问题。

在巴基斯坦时,我们还为我的一个选民贝弗利·吉斯布雷西特寻求了援助,她的故事很复杂,整件事情的经过在"自由"那一章有详述。

在我们访问巴基斯坦的一年内,巴蒂部长的人身安全越发明显受到威胁。在 2011 年春天,巴蒂部长来到渥太华讨论他面对的挑战并寻求加拿大人的支持。正如"自由"一章所述,巴蒂在访问渥太华不久后就遭到暗杀。他的殉难消息沉重地打击了我们[39]。

从他人身上学得勇气:玛吉德·艾尔·沙菲与伊拉克

玛吉德 2011 年对我的邀请与 2009 年那次相比,更不同寻常。这一次,他希望我们访问伊拉克,支持耶齐迪教徒、基督徒和其他受迫害的少数族群。他们遭受的苦难以及伊斯兰国造成的破坏,使全世界都痛苦地意识到了这些少数族群的脆弱性。

2010 年 10 月 31 日,大约 60 名基督徒在巴格达圣母救世主天主教堂被屠杀,这件事引起了玛吉德的注意,也促使他最终决心将他的信息带到伊拉克。事发当时,5 名全副武装的基地组织恐怖分子进入教堂,控制了局面,轮番辱骂教会成员并射杀了他们。通常,伊拉克政府在教堂外设有检查点。但那天,检查点却神秘地消失了，恐怖分子不费吹灰之力进入了教堂。士兵和警察包围了教堂，但流血事件仍然持续了 4 个小时。直到恐怖分子用尽弹药并引爆自己时，杀戮才彻底结束。

在伊拉克，这种恐袭事件令人痛苦，急需人们作出回应。但是，正如伊拉克领导人所说的那样，少数民族不是唯一的受害者，多数群体的成员也经常受到威胁。在伊拉克，没有人是安全的。什叶派和逊尼派穆斯林不断互相残杀，产生了该国大屠杀事件数量最多的受害者。因此谁又有时间来照顾那些少数族群呢？正因为没有其他支持者，玛吉德决心为他们站出来。

多年来，从未有加拿大国会议员访问过伊拉克。然而，在 2003 年美国入侵伊拉克之后，加拿大为该国的重建捐了 30 亿 5400 万美元。对于一名加拿大国会议员来说，如果能评估当地的局势，发起对加拿大捐款效果的讨论，挖掘双边贸易和投资的潜力，同时支持人权发展，去一趟伊拉克的重要意义似乎不言而喻。即便总理府的官员强烈反对我此次出行，哈珀总理和外交部部长约翰·贝尔德（John Baird）都没有阻止我。但我党党鞭、军事将领出身的戈登·奥康纳（Gordon O'Connor）却甚为不悦，他不鼓励保守党国会议员访问危险的地区。我确实理解他对安全问题的担忧，也向他保证我们采取了特别的安全预防措施，但他还是惩罚了我。回国后我发现自己要多履行一份额外的委员会责任，我欣然接受。

在伊拉克，我们采取了与访问巴基斯坦相似的形式。我们会见了多位内阁部长，尽可能地了解了当地受迫害人群的状态，然后把我们的想法以建议的形式带回国递交给政府。从伊拉克回国后，我向总理、外交部部长以及移民部长杰森·肯尼（Jason

Kenney）递交了一份我们的观察报告。我在这份报告里建议政府
再派一位部长去考察。结果，贝尔德和肯尼部长在此后不久就
访问了伊拉克，随后哈珀总理也于 2015 年访问了伊拉克。正如
我所建议的那样，他们提升了我们在巴格达（Baghdad）的外交
存在感。但不幸的是，自我们访问以来，随着伊斯兰国的崛起
和邻国叙利亚的混乱，伊拉克陷入了更严重的教派纷争里。受
到玛吉德勇气的鼓舞，我们已尽可能为那里的一些弱势群体做
了我们能做的事情。

　　与像玛吉德这样的人来往就是培养勇气的最佳方法之一，
他总是以奋进的姿态出现在大家面前。最近，他又暗中为遭伊
斯兰国压迫、被迫沦为性奴的耶齐迪女孩赎回自由[40]。2016
年，他因直面反犹太主义，捍卫宗教自由，展现出不同寻常的道
德勇气而获颁第一届拉乌尔·瓦伦伯格奖，为此我十分高兴[41]。

从人民身上习得勇气

　　"同理心"一章中提到的帮助妓女和其他弱势妇女的团队，
是我作为国会议员支持过的最令人印象深刻的团体之一。这个
团体由两位勇敢的姐妹多蕾莎·雷和格温·麦克薇克经营。她们
与她们的丈夫和支持者一起，靠着充沛的精力和坚定的信念，
经营着位于市中心东区的"大房间"和阳光海岸的"林伍德
大院"。

　　我永远不会忘记萝娜·安布罗斯访问"大房间"的那一天。
当时，她不仅是公共工程部长，还是专管妇女权利的国务委员。
在哈珀辞去保守党领袖职务后，她成为反对党的临时领袖。她

和她的三个随行人员在东区的黑斯廷斯街东侧（East Hastings Street）（这个地区被戏称为"加拿大最贫穷的邮政编码"）跟我碰面。我们一起爬上破旧不堪的楼梯，完全无视散布在空气中的难闻气味。

萝娜加入了围成一圈在房间里等待她的女子，然后"大房间"的居民一个接一个地讲起了她们悲伤与受虐、救赎和希望的故事。很难想象这些弱势妇女孤立无助的苦楚状态，她们个个受毒瘾折磨，被迫卖淫。萝娜表示愿意立即提供帮助，她的眼泪证明了她的诚意。参访"大房间"的经历也感动了我邀来的另外两位国会议员：凯利·利奇（Kellie Leitch），萝娜的继任者同时也是 2017 年保守党领导候选人，与乔·斯密斯（Joe Smith），国会里打击人口贩运的首席官员。

与"大房间"结对的是"林伍德大院"，位于加拿大卑诗省的阳光海岸，坐一个多小时车或渡船就能到，它是罗伯茨湾（Roberts Creek）小镇里一座维多利亚风格的宅院。用格温的话来说，从 2001 年到 2015 年：

"林伍德大院"是一个以信仰为基础的慈善组织，专为妇女，特别是受剥削和虐待的妇女，提供重建生活希望的家庭和社区环境。成千上万的女性在那里短期或长期地居住，寻求支持，寻找希望并想方法来疗伤，度过困境。"林伍德大院"在帮助女性退出性交易市场、帮助她们成长方面发挥了至关重要的作用。"林伍德大院"充当的角色就是女性之家，这也是它的力量源泉。对于许多女性来说，这是她们认识的唯一的家。这个林伍德大家庭用无条件的爱欢迎她们加入，对她们的疗伤过程产生了深远的影响。

格温和多蕾莎是勇气的代言人。作为中产阶级的女性，她们进入了一个不熟悉的领域来帮助绝望的人们。她们既非政治领导者也非商业领袖，然而，她们展示出巨大的决心并付诸行动，从而改变了许多社会边缘人的命运。

从同侪身上习得勇气：庄文浩和国会改革

安大略省选出的国会议员庄文浩（Michael Chong），另一位2017年保守党领袖候选人，是加拿大近代历史上少数因原则问题辞去内阁职位的人。因为哈珀将魁北克描述为"国中之国"，在 2006 年他离开了哈珀的内阁[42]。庄文浩认为，承认任何一个省或群体是"国"，会助长分离主义并最终使国家分裂。当然，持分离主义的魁北克集团支持总理这样的定义。庄的立场是孤独但理智的，他勇敢的举措让原则立场走在了政治野心之前。

庄是一名出色的议会改革分析师，他近年来一直致力于推动议会改革。正因如此，我被他和少数其他国会议员所组成的初步讨论会所吸引。我们一致认为有必要改革国会，削弱总理办公室的权力，给予加拿大立法者更多的影响力。他的改革法案在 2015 年 6 月通过[43]，这项法案是他的勇气、毅力、懂得变通的成果，同时也是改革朝着正确方向迈出适度并且勇敢一步的缩影。

我充当庄的话筒替他发声，帮助他制定战略，在选区内接待他。他则在致我选民的一封信里留言道，如果没有我的支持[44]，他的改革法案不会成为法律。为了培养自己的勇气，你应该与庄这样有斗志的同事来往，你所交往的人会反映你的

71

为人 [45]。

从家庭里习得勇气

我们每个人都有自己仰慕的榜样人物，他们影响了我们的人格塑造。请不要忽视家庭的作用，这些榜样可能就来自那里。我的父母在青年时期经历过经济大萧条。父亲曾逃票坐火车，睡在陌生人的谷仓里，靠采苹果打工维生。他被俘的经历更是让人难以想象，作为日本的战俘，他是如何在连续三年不断的折磨和煎熬中生存下来的？我的叔叔，斯莫基·史密斯（Smokey Smith），是维多利亚十字勋章获得者中硕果仅存的加拿大人，同时也是"二战"期间唯一获得这种勋章的加拿大士兵。十字勋章是英国及大英国协所颁发的最高军事荣誉 [46]。人们称斯莫基·史密斯是一位谦逊、战功丰硕的当代英雄 [47]。

没有什么能比母职的挑战更大了。我的母亲伊莎贝尔·维斯顿（Isabel Weston）头脑聪慧，举止优雅，谈吐幽默诙谐，品性坚韧。她跟随我精明的外婆一边学习如何投资房地产，一边等待她的未婚夫从"二战"战场上回来，一等就是三年多（他的消息石沉大海，生死未卜）。她不惧困难依旧支持她的男人，这绝非易事。作为战俘，为了幸存下来，我父亲学会了如何压抑情感。退伍军人医院的精神科医生告诉我母亲，父亲的这种抑制型行为模式可能永远不会改变了——他可以一连几天不和我母亲说一句话。当我还是一个 12 岁的孩子时，我就劝说母亲离开他。她显然是想过离开我父亲，但是最终她还是挺过了那段煎熬的时光。她诠释了"坚持不懈"这四个字的意义，即便另有容易的出路，她还是不改初衷。从母亲那儿，我们学到了勇气的独特意义。

我那豆蔻年华的女儿于 2015 年参加了安大略省十年级学生越野锦标赛，这绝对是我最感到骄傲并将它视为"勇气模范"的事件。比赛到半途，她突然跟跄跌在泥泞小道上，她脸上惊愕的表情反映了一切。她双脚陷入了厚厚的黑泥无法脱身，这无疑会影响她的形象并且对她的比赛成绩产生严重影响，更不用说这天还飘着雨夹雪，下着冰雹，刮着寒风。她从泥沼中抬起头来张望时，发现自己排在第二位，距离前一位选手 200 米远，而这位选手原本就是众人看好的高手，似乎注定这位选手可以稳操胜券拿下这次五公里越野赛的冠军了。我妻子唐娜大喊为她打气："你可以做到的！把握现在！"那一刻，我的小女儿似乎突然长大了。她用尽全力，甩掉黑泥，振作起身，继续赛跑。在最后 300 米超越领先者，赢得了加拿大省区面积最大的安大略省赛区的冠军。这场后来居上、出乎意料的夺冠使小女儿浑身沾满泥渍的身躯散发出了勇气的魅力。

如果你有幸在家庭中找到这样的榜样，无论他们年轻还是年长，请不要忽视他们。因为你最好的"勇气模范"[48] 可能就来自家里。

在低调谨慎中习得勇气

人民代表最重要的职责就是代表选民的利益。民主的最基本原则是利益不为己而为人民。这意味着有时甚至需要反对你所属政党的领导人，而去支持与他意见相反的选民。

　　与你的领导人抗衡有多种方式。你可以选择私下协商以解决意见的不同，当然也可选择公开表达。优秀的领导者不惧逆耳的忠言，只要观点表达得当，即使诤言出于支持者之口也无大碍。我曾于诸多场合向总理和各内政大臣陈述相反的意见，发现有时低调谨慎的表达可以避免领导尴尬，使得领导能仔细揣摩冷静思考，这反倒成了我表达自己异议的沟通良药。也许他们会因此做出成效，拿走本属于你的功劳。倘若你在意的是结果，而不是功劳，那么还是会感到开心的。

　　早在担任国会议员前，我就曾强烈倡议以平等为基础的原住民区域自治政治模式，可是如今的宪法与政治安排却不能时刻坚持这个发展理念，具体内容我在"平等"一章会谈到。

　　身为总理的哈珀深知加拿大政府与原住民族群之间所签订的各项条约皆应本于平等原则，我认为这一点至关重要。作为国家公民联盟的主席，他与联盟都支持我主导的一场诉愿官司，后面"平等"一章里有讨论，那就是"大山酋长"与"慈悲汤玛斯"所提主张该条约无效的诉讼。在此之前，我已与我的导师威尔·约翰斯顿教授、商人克劳斯·杰森（Claus Jensen）与马克·米契尔（Mark Mitchell）等共同创立了公益法人加拿大宪法基金，宣扬"法律之前，人人平等"的理念。

　　当斯莱蒙条约（Sliammon Treaty）浮出水面，随之而来的问题既微妙而又讽刺。我身为议员，不仅要全心全意为斯莱蒙族人服务，同时也要特别回应克林特·威廉姆斯（Clint Williams）酋长的请求。当时，他因渔权问题与政府谈判陷入僵局。我介入后，谈判局面有所缓和，但是我却无从得知起草条款的内容。事实上，印第安事务部长及他的干事在条约谈判结束后才向我透露具体条款。威廉姆斯酋长将具体内容告知于我时，还惊讶我竟然没有从自己的事务部那里获得信息。

我第一眼看到条约时，一条令人反感的"上位法"突然显现。与"尼斯加阿条约"（Nisga'a Treaty）里的条款如出一辙，在土著法与联邦法有抵触之时，它竟允许土著法凌驾于加拿大联邦法之上，并且显得两者自相矛盾。我认为当初条约起草者容许在某些条款上让斯莱蒙族的民俗法凌驾于联邦法之上就犯下了大错。这不仅是我与大山酋长的看法。事实上，加拿大前最高法院大法官威拉德·巴德·埃斯蒂（Willard "Bud" Estey）和威廉·麦金太尔（William McIntyre）以及卑诗省上诉法院前大法官迈克·高迪（Michael Goldie）就曾代表过大众发言，认为该条款违宪[49]。埃斯蒂后来向参议院提出的简报成了我后续发扬平等主义的基石，也为推翻该条款铺就了道路。它提出的基本宪法论点说明了为什么要修改"尼斯加阿条约"以弥补相关宪法的漏洞。埃斯蒂代表三位前法官发表了声明，他们一致认为如果其他少数民族也要求比照办理，将导致国家分裂，出现一大堆半主权独立的地区，每个地区都有自己的司法体制。分裂的法制最终会使不同地区加拿大人的待遇变得极为不平衡，因此，我立即向威廉姆斯酋长等表示了我的担忧，告诉他们，我无法支持保留这个条款的条约。

把斯莱蒙条约处理好是我做出的一项重要抉择。这份合约可说是一份罕见的现代原住民条约，内容牵涉到了我所代表选区的人民、土地，以及其他诸多问题。我的立场相当尴尬，因为无论是总理或部落领袖们都赞成该条款。但本质上，这则条款是不明智的、不公平且违宪的；我实在无法改变自己一向坚

75

持的立场，那就是这种条款只会制造更多的不公平。

在公开表明立场之前，我找准时机与总理在其办公室进行了私下会谈，尽可能地解释了我的看法和态度。能与总理私下交流这些条约与情况，无疑是非常重要的。对此，他表示了充分的理解，但不希望我让政府没有台阶可下。我向他询问了政府关于联邦条约谈判代表委托任务经过了哪些审查的问题；经过上届联邦政府改选，自由党总理保罗·马丁（Paul Martin）下台之后，情况是否有所改变？本届政府否决了马丁就原住民问题而设立的部分关键倡议，但我们是否曾仔细审核条约背后的授权和委命？我的关切促使总理及其部门对局势进行了审查，但没有改变最终结果，法案依旧正常通过，成为法律。

对我而言，出于尊重，我必须事先向国家领导人私下递出一份直接坦率的说明，阐述我的企图作为。假若我固执己见，不恰当地透露自己与哈珀总理意见不一致的看法，最终必然落得被踢出党干事会的下场。整个事件的发展可说是波谲云诡。我已有心理准备随时被他开除。该称赞哈珀的是，虽然我采取了与政府相反的立场，他并未将我踢出干事会。其实这件事原本可被视为一项忠诚度的问题，因为它涉及的正是我个人的选民。要保持坚守原则的勇气，并不一定非要跟自己的领导决裂不可，低调的外交手腕往往更为有效。

阐明自己的立场

虽然谨言慎行能达到目的，但有时若要阐明自己的信念，大众舞台才是最可行的地方。作为领导者，有时你得对权威部门公然提出挑战，尤其是当你的诚信受到质疑的时候，此刻你需要做的就是走进群众，让他们理解你的想法。往往事件的一连串发展都起步于一次不为人知的会议，但最终又会发展到公开摊牌的地步，斯莱蒙条约就是如此。

2014 年春，众议院即将对此条约进行表决。我知道议会各方领袖希望让此项条约以无异议方式通过。若按通常流程进行，议员起身请求无异议通过，全场没有出现反对声，该项动议或者法案就能成功通过。所有议员也不需要议长唱名起身，逐一投票；我也不必过多强调平等的重要性，不必在斯莱蒙条约问题上再多费口舌，而顺风顺水就让法案无异议通过。

但实际情况是，我选择直接去鲍威尔河与相关人士展开洽谈，会见了市长大卫·法莫沙（David Formosa），斯莱蒙酋长克林特·威廉姆斯及他的首席谈判官罗伊·弗朗西斯（Roy Francis），同时也在一次广为宣传的公共论坛上与鲍威尔河附近的居民交换了意见。

在后续的一系列会议里，我感觉事态变得越来越紧张。条约中事关经济、社会、文化的利益以及谈判结果都博弈在刀尖上。这肯定是首次有当地议员力挺原住民社区，去反对社区领导与政府所支持的条约。

与法莫沙市长的会谈简短而友好，他知道我在为促进各方平等所做的努力。他自己在生活中也曾因坚持原则立场，让他付出高昂的代价。

与威廉姆斯酋长和弗朗西斯先生的会面则十分尴尬。他们知道我帮助他们解决了"条约"中的渔业问题。他们总是随心所欲地联系我，从来未对我的表现有过任何不满。我和威廉姆

斯酋长一起参与过许多活动，其中包括鲍威尔河的会议以及在斯莱蒙地区开展的各项活动，我很欣赏他直率的态度和为人民的奉献精神。克林特和罗伊则显然对我的立场感到失望并且表示反对，但至少他们能够理解。尽管会议很尴尬，我还是宁愿进行面对面的交锋，而不要躲躲藏藏的背后放话。

那天晚上在集会所举行的会议对我们来说是最紧张的。我和我忠实的助手琳达·韦格纳（Linda Wegner）怕人们误解了我们的实际意图，把对平等的支持看成对原住民的敌视，我们甚至已经做好了应对抗议示威者甚至暴力事件的准备，为此，我们在会议开始前于会场周边部署了警力，警方还派来了巡逻车和一些便衣警察。会议开始前我和琳达在停车场，祈祷上帝给我们智慧、能量和勇气。

《鲍威尔河峰报》的编辑和罗伊·弗朗西斯都出席了会议。鲍威尔河附近的居民对于条约签订双方的利益都有意见，他们大多数都没到会议现场，事实上到会场的群众不到 20 人。不能否定的是他们有一个公共论坛来讨论他们自己的观点。虽然参会的人情绪很阴郁，不过大家都彬彬有礼，很守规矩。之后，《鲍威尔河峰报》的编辑不辞辛劳将整个会议精确完整地报道了出来[50]。

等到政府在议会征询一致通过的意见时，我已向总理、原住民事务部部长、保守党的同事、条约签订双方、我的选民、媒体以及其他加拿大人表示了我对于那条"上位法律"的反对态度。考虑到应尊重斯莱蒙条约的谈判官们，我认为再没有必要在众议院里直接公开表达我的观点，于是我离开了会场，就这样让议案以无异议方式通过。

请问：换作是你，会做到什么地步？你会考虑采取我应对这一切的方法吗？你会不会更进一步，投票反对那份条约？这些都是关系要低调谨慎或公开表明到什么程度的问题。你该在何时表明立场不再保持沉默，向公众公开多少，准备付出多少以实现你的想法？

如何面对"创业烦躁"

当你回顾你起初做的事情时，你可能会奇怪为什么一开始会害怕失败。请记住，"创业烦躁"的紧张不安是正常的，创新者需要不断面对不确定性。怀疑是对你勇气的检验。

在我担任议员时，我的团队开创了一系列雄心勃勃的盛会和活动，遵循的是一样的模式。第一次办活动时，我们就得了"创业烦躁"症。为了应对这种负面情绪，我们将流程分割开来，明确我们活动的对象，与相关社区的领导及其领域的专家联系，在社区里寻求活动参与者的意见，并按部就班地实施我们的计划。同时，我们尽最大努力遵循各类规章制度，保证活动安全有序开展，也尽可能地顾及参与各方的利益。

我记得，我们有千万个理由可以选择不办 2010 年 5 月在国会山上举行的首次自行车日。在此之前，没有其他国会议员或参议员曾在国会山上尝试过举办这样的活动。尽管我脑海里有这个活动发展的框架，我曾参加过美国自行车联盟每年在华盛顿特区举办的骑车大会，但当我提出要办"自行车日"活动的时候，没有一个议员感兴趣。事实上，我感受到有一些轻微的嘲笑，人们根本不知道我这是在做什么，他们有更紧要的事情

要做。

更糟糕的是，举行比赛的当天，我的员工有几位生病了，因此我只好寻求其他部门和政党的帮助来维持活动。这个时候，连我自己的员工似乎也持怀疑的态度，怀疑我是否忘记了我们的使命和优先事项。

然而，我仍坚持创立国会山自行车日（Bike Day on the Hill），从2011年较小规模起步，该活动每年都在扩大。直到2014年，我们将范围扩大到让全国各地的骑行团在同一天"滚动"。其间我们与艾尼·伊利亚斯（Arne Elias），安德·斯沃森（Anders Swanson）等加拿大自行车协会的成员合作。加拿大自行车协会是一个非营利组织，代表了成千上万名加拿大自行车手。我们正在努力制定一个全国性的自行车活动策略，此举博得前任保守党交通部长和现任自由党政府的支持。我希望在十年内组成一支有1000名成员的骑行团，在国会山自行车日一起骑行，创造一个强有力的视觉冲击，进而让大家看到骑行运动对我们社会、经济、环境、旅游还有健康带来的重要影响。从国会山自行车日摇摇晃晃的起步，我学到一件事：一旦立下愿景，就做好准备迎接"创业烦躁"的考验，别让困难阻止你。

克服个人挫折

假若你的个人生活碰上一些困难，像健康受到了威胁，家庭关系不大和睦，或者财产状况出现了问题，你会采取什么措施？作为一位公众人物，勇气如何助你攻克这些难关呢？勇敢是否就意味着你要独自咬咬牙硬撑下来？不同的人会有不同的答案，但众人皆知的是，每个人最终都会离开这个世界。在离开之前，每个人都会面临健康问题，那么对于身为领导者的你，哪些是该披露的，要披露多少？哪些又是该守密的？ 2016 年总统大选期间，希拉里·克林顿与她的竞选团队试图隐瞒她患肺炎的事实。她本可以让公众知晓她与病魔抗争的故事，以获取更多支持的，但她却选择了保持缄默。

我在担任议员期间曾有机会探寻这些问题。2013 年 7 月，我以私人身份与儿子魏高山一起参加了他的足球队赴英打巡回赛。那年他 14 岁，这个时期的孩子都在爱家护家与渴望独立之间挣扎。他听说我要一同前去英国，表示很欣喜，但同时也有些紧张，怕我让他尴尬。我其实最不希望自己成为他与队友之间的阻碍，我尽可能保持低调，不做大动作，维持一个默默在背后支持儿子的父亲形象，和其他的家长一样。

我们在某个周五到达了英国，之后我们前往一个坐落在米德兰地区的大学城。他同意周日晚上和我在一家典型的英式小酒馆吃饭，我意识到这可能是本次旅程我俩最后一次的独处了。结果确实是这样，但原因却出乎所有人意料。

周一一大早，足球队及随队亲友团本来要去参观著名的利物浦球场——安菲尔德。但我突然感觉左眼有些不适，就像有个角落的视线被一块窗帘遮住了一样。我跑去问另外一位随团家长，她是外科医生。她猜测这可能是"玻璃体剥离"的预兆，不算特别严重，但需要去检查一下。对我来说，幸运的是有医生在亲友团里，于是我没有前往足球场，而是打出租车去诊所检查眼睛。

在接下来的几天里，出租车司机马尔科姆（Malcolm）是众多助我渡过难关的"天使"之一。他建议我去医院而不是去诊所做检查，他抱歉地解释道：去医院的车费要比去诊所贵那么"一两英镑"，他老婆早些时候眼睛也出过问题，他认为我不必在诊所浪费时间，应该去医院得到最好的照顾。我听从了他的意见，随他去了医院，一路上还在猜想，不知英国医院会怎么对待国外病人。马尔科姆停好车，陪我去挂号，他想亲眼确认医院的人会给我做检查。

他们确实对我的情况作了诊断，我先去了急诊室，然后去了眼科，结果发现问题远比"玻璃体剥离"严重，是"视网膜剥离"。我左眼的视力在飞速下降，右眼也查出了一些问题。诊断医师说，情况每分每秒都在恶化，马上做手术还有可能挽回那部分已经脱落的视网膜，我询问恢复好要多久，他给出的答案是 4~6 周。好了，我现在的境况就是如此，身处英国中部的一个小镇，等待一项精密无比的手术。在我消化这一切信息的时候，医生又抛给我了一个重磅炸弹：医院的眼科手术医师仍在外休假。因此，我必须到英国另一座城市做手术，离魏高山更远，离他所在的足球队也更远，更不用提离几千公里远的家乡了。

眼科医生告诉我，我的双眼已经严重恶化，他们也无能为力，手术是必须要做的，但在这种情况下，他不确定我是否该返回加拿大去做这个手术，可能在英国做比较好。他留给了我当时检查眼睛拍的数码影片，同时也把该在哪里做手术的艰难问题留给了我。我该立刻回加拿大做手术吗？离开医院后，我坐车回了我们暂时住宿的大学，脑子里一片乱麻，手机也响个不停。

我不知道该怎么做，但我还是做了回加拿大的准备。我打电话给航空公司，订了第二天从伦敦到温哥华的航班。同时，我也联系了我的家庭医生，他把我引荐给当地一名眼科医生。我也给在渥太华的唐娜打了电话，跟她约在温哥华见面。我甚至还打了电话给保险公司，请求立即准备"医疗撤离"。

我匆忙地与儿子魏高山道别，透过出租车窗口向他说明了我的困境。"为我竭尽全力，踢出你最亮眼的一场比赛，好吗？"我说，他点了点头，为他的父亲担心不已。

但是，即便临到我离开大学校区之前，我仍然不确定到底是该回国还是在英国接受治疗。航班飞行时机舱内的气压会对我的眼睛造成损害吗？为此我打电话给了我另一名天使般心善的朋友安妮莎·旦姬（Anisa Dhanji），她是我第一次在一家温哥华律师事务所工作时带的一名签约法律实习生，如今她在英国担任法官。我们作为同事，曾经朝夕相处过一段时间，一起工作，一起讨论问题，一起分享她最爱的甜点巧克力蛋糕。我很快就联系到她了，听明事情经过后她立刻采取了行动，因为她姐姐眼睛曾受伤过，所以她可能知道怎么做，但问题是她还在非洲。安妮莎与她姐姐联系后获得了一位英国技术顶尖眼科医生的联系方式，安妮莎说，她会尽力找到这位医生，很快就会回话给我。

前往伦敦的那趟火车花了好几个小时，可以说是我人生里最无法平静的一段旅途了。英国人也永远不会遗忘这一天，尽管出于不同的原因——当时乔治王子出生，举国欢腾。我的手机一直在响个不停，我和安妮莎来来回回打了不下十几次电话。火车飞驰向伦敦，一路上电话断断续续打进来，安妮莎一边反复确认我的情况，一边找那位眼科医生，还帮我在伦敦找了一处安身的地方。

那位眼科医生突然给我打了电话，她是伦敦顶尖眼科医院默菲尔德（Moorfields）的医师，她查看了我的电子病历，做了观察并且询问了我的状况。奇迹！我现在能从专家那里得到专业意见，决定是否该回国做手术。然后，电话突断，列车继续疾驰向前。丁零零——电话又来了。这次我们进行了完整的交谈。坏消息是我的眼睛严重受损，当然这我之前已经知道了；好消息是回加拿大做手术是有意义的。我的计划基本定下来了，我在安妮莎帮我订的离希斯罗机场不远的酒店里安安稳稳地休息了一晚，第二天便踏上了回温哥华的路程。

在温哥华的机场，唐娜（我的另一个"天使"，她当然是！）站在那儿等我。离开机场后，我们前往另一位著名眼科医生安德烈·梅克（Andrew Merker）的办公室，他检查了我的眼睛，立刻把我送往附近医院的手术室。他告诉我，我的左眼只有六分之一的可能性恢复视力，同时他也担忧我右眼的状况。这场突如其来的关键眼科手术耗时两个小时，躺在手术台上的我全程意识清醒。手术结束后的五天我基本都仰卧着，靠听电子书以及磁带打发时间，享受阳光洒在我脸上的感觉，听着鸟的鸣啼，感叹心静下来的美好。

我的"天使"名单上的人数还在不断增长，诸如：中断自己的预计行程立马给我做手术的了不起的医师；挺身帮我的办公室同事；刚从英国回来，拒绝朋友邀约，选择留下陪我过周末的儿子魏高山；以及永远支持我，甚至选择把自己的计划全都扔到一边，陪我度过最艰难时光的唐娜——我的妻子。

我有害怕过吗？当然，我设想过我的生活可能会发生前所未有的改变，比如准备接下去当个盲人议员。假若我的生活发生那样的质变，我将尽我所能去为大家服务，我的信念发挥着关键作用。上帝清楚自己正在做什么，如果上帝觉得我在看不见的情况下更能发挥自己的价值，那么即使双目失明，我也将尽我所能把一切做到最好。

2014 年 7 月 24 日，在最初做完持续两个小时手术后的第二天清晨，我迎来了最恐惧的时刻。那时我本应该独自一人在浴室里，取下盖在我眼睛上的眼罩。但我不想这么做，想着尽管失明的概率很大，但只要我不取下眼罩，我就不必知道结果。我怕摘下了眼罩，等待我的依旧是无尽的黑暗。我一边祈祷一边把眼罩取下。幸运的是，那里有光，甚至还有熟悉的景象，虽然模糊不清。

后续我又做了 15 次手术，包括 4 次大手术。有一些刀开在我的右眼上，以稳定右眼的情况。尽管困难重重，幸运的是，梅克医生还是帮我的左眼找回了部分视力，并协助右眼的恢复。多亏了有他以及其他"天使"，我的日常生活得以照常进行，能够继续从事阅读、运动、开车等活动，这一切原本都是无法确定的事。

假如你是我，你将如何在这次健康危机中与他人沟通？更一般来说，你会公开你个人的挫折吗？每个人都有不同的看法，在不同的情况下也会做出不同的选择。在第一次大手术后的几天内，我就将我的情况公之于众，我公开发表了一封信，谈到我的医疗状况，并给我的选民吃了颗定心丸，向他们保证我的员工仍在全力以赴地工作。在我决定将情况公之于众时，一些后果也注定要发生。

第一，选择公开会让人们对我的突发身体问题心生警惕，有的人会因此觉得我软弱不中用，就是这种恐惧使得希拉里·克林顿在 2016 年总统大选时，选择推迟公布自己患肺炎的消息。但我选择及时公开病情，结果反而有助于我调整选民对我的期望。至少，他们不会期望有事我就立刻亲自回复。

第二，公开信息让我的员工也能松口气，因为他们可以不必隐瞒内情。他们甚至能更充满斗志地帮忙填补我的空缺。

第三，通过让人们知道事实，我也能公开感谢帮助过我的人，公开的感恩不仅使人谦逊，更会让人团结一心。

第四，我能借此事件让大众了解我的行动，以宣传我们团队正在做的全民健康与健身项目。我们刚刚扩展了项目的范围，现在也整合了视力健康板块。综上所述，我承认传统思维教导我们要忍气吞声，有些人甚至宁愿独自吞下苦果也不愿告知民众。对我来说，这次针对我个人的挑战让我明白，最好的做法是及时让人民知道所发生的一切。

结语

如果你想要奋进，当你为了成就更好的自己而面对挑战时，勇气是极其重要的伙伴。不管你做什么，都要培养你的勇气，它能让你改变整个世界。无论你身处何处，你必须走出自己的舒适圈，它能让你面对挑战。无论是在国内国外，不太平的事情时有发生，有些可能会比你知道的危机潜在更多危险，此刻你需要勇气。

哪些领导者缺乏勇气，哪些政客害怕失去票选，哪些商业精英怕真相会惹怒老板，我们心里都有数。教会的领导者们害怕冒犯他们的信众，这时你应该支持他们，鼓励他们，他们需要你的力量。如果你想成为或已经是领导者团队的一员，你想要奋进，那就请提前认清摆在你面前的个人品质的挑战，找到榜样模范人物，确保有一座灯塔永远指引着你在正确的方向上。

大众潮流极易诱使人们保持平庸选择从众。毕竟，讲出你心里所想可能会遭来报复，诚实可能会让你失去晋升的机会，"做好事"也不代表做的就是"讨喜"的事。改变方向，挑战现状，为了社会公益而去杠上现任领导人都是需要勇气的。你很难去预测什么时候你会遇到困难，什么时候会落入举步维艰的境地，需要什么样的勇气才能渡过难关。但作为一个领导者，最需要做的就是正确的事，希望你能通过这个过程获得别人的尊敬，甚至从那些反对你的人那里获得尊敬。无论如何要铭记一点：你永远不可能让全世界的人都尊重你。

勇气从来不会单独彰显自身的价值，想要培养它的话，让自己置身于那些重视人格价值胜过委曲求全的人之中吧。与充满勇气的人一路同行，你耳濡目染就会学到这个优质的品性，就像我从玛吉德、格温、多蕾莎、庄文浩等人那里学到的一样，这些人会在你软弱时拉你一把。英国政治家威廉·威尔伯福斯（William Wilberforce）以擅长采纳志同道合的人才而闻名，19世纪初，他独立挑起大梁发起反奴隶战争，吸引了一批忠心耿耿的战友，然后不断扩充他的团队，最后终于在国会获得多数票，成功终止了大英帝国的奴隶贩卖。那得需要多大的勇气啊！但他并不是一个人在做这份事业。真正的勇气或许是独立的、孤独的、罕见的品质。然而，想要保持奋进，勇敢追求真理来收获美好结果，则需要一批志同道合的伙伴与你一起面对逆境。

上！"自由"

　　生活在加拿大的人们，很容易将自由视为当然。对于想要奋进的人来说，看清失去自由的人在生活中的艰辛，看他们为了重获自由如何努力奋斗，会受益匪浅。有人称这是"历史"，学校里都教的，但你也可以从家人那里了解到自由的含义。

　　我大半生都在为争取他人的自由而奋斗。考上律师，从事推动宪法改造的工作；担任国会议员，创立加拿大宪法基金会——所有这一切都反映出一种感恩之情，庆幸自己所享有的自由。是这种感恩之心指引着我去帮助那些在国外沦为阶下囚的人。奇怪的是，直到我成功地援救出多名被囚禁在非、亚、拉丁美洲等地的加拿大人后，我才明白我做这一切是为了什么。我意识到父亲对我的世界观所产生的巨大影响，就像其他一系列的模范人物一样，他永远都是做得多，说得少。

个人为自由付出的代价

为自由而拼搏的结果不全尽如人意。我的父亲，斯丹利·维斯顿（Stanley Weston）教导过我：争取自由需要坚强的意志。"二战"时期，他沦为日本人的战俘。当时，全世界人民的自由都受到了威胁，他与其他年轻人一样应使命召唤而选择参军。时间来到 2017 年，像维米岭战役和 70 号高地战役这样的血腥之战已整整过去一百年了。历史提醒我们自由的重要性，正因有像我父亲那样的人的牺牲，才有我们如今的自由。

我父亲并非职业军人，但他作为军官训练团（已被加拿大废弃多年的校园军训组织）[51] 的一员，接受过一些粗略的军事训练。他毕业时恰逢经济大萧条时期，在北美找不到工作。后来他于 1940 年任职马来亚化肥公司，担任橡胶园主的顾问，这家公司位于当时英属马来亚半岛（现今的马来西亚）的首都吉隆坡。这份工作对他来说极为合适，唯独时机不对。

当我父亲来到马来亚后，他加入了马来联合志愿军，这个拼凑的组织招募男丁来协助当地英军管理殖民地。他作为"炮手"，负责操作管理高射炮。

1941 年 12 月 7 日，在他到达马来亚不久之后，日本人轰炸了珍珠港。同一天，他们袭击了马来亚和东南亚的其他地区。我父亲负责击落对方的战机，但当时的他实操还没多久。日军不但策略丰富并且异常凶狠，处处与同盟军所预期的相反。他们发现英军于新加坡设立了高射炮基地后，便撤回了南部的进攻势力，转而从北部及东部突袭。他们的零式和中岛式战机击垮了英国的野牛式战机。野牛式战机被认为不适合在西欧作战，故转而分配往亚洲战区。马来亚空战的惨烈状况是英国严重低估日本所尝到的恶果，日军击落了大量的野牛式战机，更多的战机是在地面被摧毁的，还有一些则是毁于意外事故。我父亲跟随败退的英军从马六甲海峡撤回到新加坡。随后日军掐断了新加坡的淡水供应，1942 年 2 月新加坡沦陷。

日军对待战俘的方式极其恶毒，他们坚信军人就该战死沙场而不是投降。他们不遵从日内瓦公约及其他对待战俘的国际准则。大量的书籍记载着日军虐待囚犯，断粮断食，不治病俘，将他们当做劳役任意差遣的劣迹。父亲也难逃此劫，成为世界上最漫长艰难的劳役行动的一员，参与了缅甸暹罗铁路（Bur-ma-Siam Railway）的建设工程。1954 年上映的电影《桂河大桥》（*The Bridge on the River Kwai*）详细表现了这段历史事件。

从父亲零星的叙述里，我了解到他战俘经历的许多细节。那三年半里，他忍受着营养不良、疟疾困扰、暴刑虐待。在他阑尾炎发作时，全靠一位英国外科大夫用一把剃须小刀做了阑尾切除手术。参与铁路修建的战友有五分之一都死了[52]，剩下的人苟延残喘，受尽摧残。和其他战俘一样，父亲不论身体或心理上都留下累累伤痕，终生难以抚平。

在他被囚禁的日子里，母亲对于他的生死毫不知情。当父亲劫后余生回到国内，母亲独自前往温哥华东面的密西安镇的火车站与他碰面，父亲对她说的第一句话就是："你一定会想知道这几年我都经历了什么，对我而言，这一切就像一场噩梦，从未实际发生过，请你和家里人别再问我任何问题。"父亲经历了惨绝人寰的非人待遇，在他被释放之后，他不想，或是无法

找到合适的词语来讲述那段经历。相反，他习惯性地压抑下自己的情绪。

后来父亲继续以他谨小慎微的态度活着，从不谈起他做过的事。他余生都在与病魔纠缠，时而复发疟疾。即便看起来身体壮实，但他在 50 多岁时就开始出现心脏衰竭，1981 年去世，时年仅 61 岁。

几年后，我以个人名义前往亚洲，踏上调查之旅，去了解他经历的故事。这些历程都被我记录在尚未发表的历史小说《桂河彼岸之玉》（*Jade Across the Kwai*）里。父亲战时被俘所遭受的苦难故事对我影响深远，除了感动佩服之外，我也察觉到自己产生了一丝奇怪的情意，一种换作是我，绝对无法在那场动荡中幸存下来的感觉。回首往事，我意识到自己似乎把这份感情传递到了校园霸凌的受害者身上。在中国台湾担任执业律师期间，我加入了一所监狱的教诲师阵容，担任与监狱内服刑的外国人交流的任务。这些与世隔绝的人基本无人探访，同时他们可能也有语言障碍。在随后的日子里，我开始帮助被关押的外国人。奇怪的是，直到最近，我才意识到父亲在我帮助囚犯方面所产生的影响，他潜移默化地教导了我。

牵涉到加拿大海外囚犯的案子总是错综复杂，不可捉摸，难以解决。政府无权对事件的进程和结果进行直接管辖。罪犯受当地的法律、社会准则及传统制约。后面这些我所涉及的案件的结果不都一致，但父亲教导我的理念始终如一——自由至臻，代价再高也值得一搏，因为，博取的不仅是我们自己的自由，也包括他人的。

在沙特抢救斩首犯：比尔·桑普森案

　　面对众多难关，我所接手过最棘手的一桩案子要数从沙特阿拉伯的利雅得营救比尔·桑普森（Bill Sampson）的案件。那是2001年，他离上斩首台只差一步。起因是比尔涉嫌在非沙特国人驾驶的车辆上安置炸弹，他被以恐怖主义罪名起诉。我在温哥华组织我的母校圣乔治高中第25届同学会时知道这件事。比尔是我们76级的同学，在第一次同学会组织会议上，我夸下海口要让所有同学都出席。其间，一个同学说道："挺难的，你可能得去一趟利雅得。"

　　虽然利雅得之行未能成真，但我写了封信并让其他同学签上了名，通过外交渠道寄给了比尔。后来我们知道，正是这封信激励了他，让他相信人们并没有真正忘记他。

　　我难以置信比尔居然要对汽车炸弹袭击事件负责。首先，爆炸刚发生不久，他立即去医院拜访了被波及入院的朋友。其次，在比尔被捕入狱之后，炸弹袭击事件仍在继续。再次，一名从事沙特阿拉伯医疗产业、待遇优沃的外籍专家没有理由去袭击同为外籍的人啊。最后，除他之外，还有更为可疑的人选——瓦哈比原教旨主义者，这群人一直都对非穆斯林人士在沙特阿拉伯境内的一举一动怀恨在心[53]。种种情势显示出，沙特宁愿找一个外国人当替罪羔羊，而不愿承认其内部不稳定。

　　唯一对比尔不利的证据是他在电视上的供词，他憔悴的面容和断续踌躇的言语无一不显示出他曾被虐待过。显而易见，他的"供认"是屈打成招的结果。

　　基于现有事实，我写了一篇分析报告，登在《温哥华太阳报》（*The Vancouver Sun*）上。发表那篇报道可以说是我采取的策略起点，它将我们所理解的桑普森的故事报道出去，给记者提供了一份可靠并且可以证明比尔清白的论述，这绝对可以扭转舆论的方向。因为，如果西方媒体给比尔打上"有罪"标签，1000多千米外的沙特行政机构肯定会更乐意执行死刑。

　　然后，我们组成了一支精良的志愿者团队，其中包括一位加拿大外交官，一位前加拿大情报官员，一位长年采访外交事务的知名记者，以及一位以色列特勤局（The Israeli Secret Service）摩萨德（Mossad）的前成员。我们向比尔的父亲威廉·桑普森（William Sampson）及他的母亲芭芭拉（Barbara）表示，统一战线至关重要。我这么做是想让沙特方面知道，比尔并不是一头无依无靠，没有亲朋好友支持的"孤狼"，也不是一只待宰的羔羊。但案子复杂的地方在于，比尔父母离异，他与母亲甚为疏远。

　　比尔的案子对我来说是一件无酬的公益义务案件。不过考虑到事关重大，我将自己的所有精力都投入到这个案子上，尽我所能铺展关系蓝图。除了我对比尔和他父亲的帮助，这个案件也促成了我日后处理类似案件的基调，我把这种策略称作"五指战略"，包含了横跨五种领域，看似无关，实则相互协调的计划。这五个领域分别是：政府关系、法律分析、媒体关系、财务筹款以及行政事务。

　　比尔的噩梦持续了三年之久，而我所做的工作仅局限于他噩梦之初的数月间。正如他在自己的书《无辜者的自白》（*Confessions of an Innocent Man*）中谈到那段期间他所遭受的折磨。

其中有一处描述了他曾遭受倒挂、鞭打等酷刑。正如日本俘虏集中营的经历缩短了我父亲的生命一样，在沙特所遭受到的凌虐毫无疑问也缩短了比尔的寿命。2012 年，比尔由于心功能衰竭，于英国去世，得年仅 52 岁[54]。

从桑普森案中我明白了，有时为自由奋斗，前途可能是不讨好、不可捉摸、富争议的，但学到的这份经验在我后来处理另一件备受瞩目的案件——从巴基斯坦塔利班（Taliban）分子手中解救贝弗利·吉斯布雷西特（Beverly Giesbrecht）时起了作用。

营救圣战士案：身陷巴基斯坦的贝弗利·吉斯布雷西特

很多人觉得贝弗利·吉斯布雷西特不值得加拿大政府大费周章将她从塔利班手里救回。她是一位西温哥华的公民，皈依穆斯林之后，她自改姓名为卡迪亚·阿卜杜勒·基哈尔（Khadija Abdul Qahaar），对圣战表示同情，还创立了一个专门支持穆斯林极端主义者的网站。作为一名特立独行的记者，她只身前往巴基斯坦边境的瓦基里斯坦省（Waziristan），只为寻求机会采访本·拉登，然而采访未果，她就被绑架了。在传回来的影像里，她恳求加拿大政府支付赎金给绑匪。虽然我强烈反对她的政治观点，但出于人权角度考虑，最终还是尽己所能将她救回。

吉斯布雷西特的情况消息主要来自她的朋友，也是前工作搭档格伦·库珀（Glen Cooper）。我从格伦给当地《北岸新闻报》（*The North Shore News*）的一篇专访报道中初闻吉斯布雷西特的案子。经我主动要求，编辑把我的名字及联系方式给了格伦。2009 年春，他致电我，我和他见了面并答应提供帮助。

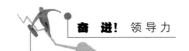

身为议员，我何必自找苦吃接下这样的案子，既没公众推广力，况且自己又对她的政治观点极度厌恶？说起来，这一切缘起于威廉·昆斯特勒（William Kunstler）的人权观念对我的影响。他是一位著名的人权律师，曾在我就读哈佛一年级时的某日午餐会上与我们一群学生聊了一回天。

昆斯特勒一生都致力于帮助有争议的人，比如曾为反越战抗议示威被捕的芝加哥七害（Chicago Seven）。1976 年那场午餐会上我听了他的演讲，其间他请在座觉得自己属于公民自由主义者的人举手，一想到这里是哈佛，我们全都举起了手；然后他又请在座会为不受欢迎的观点辩护的人举手，再次地，几乎所有人都举起了手；最后他问，有多少人会为实行抑制言论自由的决策人辩护？这次，没有一个人举手。昆斯特勒总结道：看来你们都不是公民自由主义者。

我十分理解昆斯特勒的观点。假若你真心信仰"自由"，你就会去为那些政治观点与你大相径庭的人辩护，这是需要勇气的，因为摆上桌的筹码是你一直以来坚信的一切。若你赌赢了，就是说，如果你为这世上所有的贝弗利·吉斯布雷西特辩护，把她们都救回来，最后她们可能毁掉你所珍视的民主。但就如昆斯特勒所说，这位女士是一位公民，她有权活下去，把她从绑架者手中救出，然后在公众论坛上彻彻底底击溃她的理念，这才是我努力要做的事。

我面对任何能帮助吉斯布雷西特的机会，来者不拒。当然，这个机会最终还是来自于玛吉德·艾尔·沙菲。他在复活节活动期间邀我一同前往巴基斯坦，我在"勇气"一章谈到，我们一起进行的冒险，不论从生命角度还是从政治角度来说都充满危险。简而言之，他的组织承担了所有开支，让我可以理直气壮地做这件事。因为要是其中费用掺杂了纳税人的钱，进程无疑会变得更加困难[55]。得幸于玛吉德的努力结果，我们见到了巴基斯坦的三位内阁部长，他们三位及其助理都知道吉斯布雷西特的案子，外交部部长库雷希团队里一位女性成员还冷冷地说道："并没有多少加拿大人在巴基斯坦被绑架。"

三位部长中有一位对此案展现了特别浓厚的兴趣。尚巴斯·巴蒂，时任巴基斯坦少数民族事务部部长，是唯一一位非穆斯林内阁部长[56]。他公开反对巴基斯坦颇富争议的伊斯兰教法，反复强调在商业纠纷等事务中，这项教法助长了穆斯林人对非穆斯林人的压迫。这些压迫的结果是什么呢？非穆斯林人被处决，被奴役，被迫害。任何人只要声称非穆斯林人士玷污了先知穆罕默德，即可为后者招来一系列潜在的致命危机。

在我看来，巴蒂部长已经尽其所能帮忙了。他宣称自己在吉斯布雷西特被关押的地区有熟人。在我离开巴基斯坦后，我们还断断续续通过几次电话，我们的通话内容大致如下：他打过几个电话，他在等待消息，他觉得很有希望，但之后就再也没有消息了。

最后一次与巴蒂部长见面是在渥太华，离我们在伊斯兰堡（Islamabad）的会议已有数月的时日。在国会山，他与移民事务部长杰森·肯尼以及其他几位议员见了面。他曾在巴基斯坦，因反对伊斯兰教法而收到死亡威胁信。巴基斯坦政府拒绝向他提供安全庇护，甚至命令他停止批评伊斯兰教法，但他拒绝了。从加拿大回国后不久，巴蒂部长便遇刺身亡。

巴蒂部长遇刺后，吉斯布雷西特失去了她最为有力的捍卫者，不过事情还有转机。我之前会见过的加拿大当局，包括高级专员（大英国协派驻于各成员国的代表职称，相当于大使）伦道夫·曼克（Randolph Mank）以及一些高级情报官员，虽然他们都对吉斯布雷西特的政治观点极度厌恶，但同时他们也让我刮目相看，因为他们都将吉斯布雷西特有失偏颇的信仰放在了一边，尽其所能帮她脱罪。

但最终，我们还是失败了。加拿大政府报道称，吉斯布雷西特极可能已经在 2010 年因自然原因在狱中去世。她成为了我不曾见过的"客户"[57]，连她的遗体也未被归还。

加拿大广播公司（CBC）播报了一部探寻吉斯布雷西特深层故事的纪录片，取名为《一名加入塔利班的女人》（*The Woman Who Joined the Taliban*）[58]。这个标题暗示这场绑架案实为一场骗局，但谁都没有确凿的证据来说明真相。总之，我和加拿大情报局（Canadian Intelligence Authorities）官员所掌握的信息都显示，她是被迫的；这也是我们采取行动的依据。加拿大广播公司发布这部充满偏见的纪录片，责难保守党政府无法保护持不受待见政治观点的公民。在我看来，纪录片制作方本该彻头彻尾朝另一方向报道，承认在加拿大确实有些人，在为他人的人权做出努力，甚至是为了那些与我们价值观念大相径庭的人的人权而努力。制作方采访过我，却对我为解救被囚禁的西温哥华人付出的一切，轻轻带过。在大部分情况下，我为吉斯布雷西特做的工作都是保密的，在公开场合做出任何关于她情况的声明或动作都无疑会对她不利。但在她去世后，当新闻记者有机会为宣扬该事件的公民自由权性质发声时，他们却选择发表反对政府的政治声明。

我为吉斯布雷西特付出的一切教会了我，为自由而打的仗不都是胜仗，也不一定会让人登上名誉和光荣的宝座。任何事业的成功一定会经历挫折。不管你有多优秀，或是有多好的初衷，要想成功，就无法逃避那些令人倦怠、看似无用的战役。为自由而付出的努力也并非万无一失，最终结局如何，很难预测。

墨西哥惨案：帕维尔·库利塞克

我一生遭遇到最难缠的几次对峙都来自自己的团队。就像当时帮助一名受毒品交易指控，最后被送进瓜达拉哈拉监狱的加拿大人一样，有几位保守党议员和部长在此案上与我意见不合，争端因此产生。另外一项意料之内的对峙来自墨西哥司法系统，这个司法系统既古怪，又不合理，连墨西哥的政界人士都在尝试对它进行改革。对帕维尔·库利塞克（Pavel Kulisek）来说这可不是什么好消息，这位无辜的北温哥华公民突然发现自己不合时宜地出现在了不合适的地方，身边还围着一群不对劲的人。

帕维尔和他的妻子吉瑞娜（Jirina）在 2007 年决定出国旅游，这是一件稀松平常的事。平均来说，每年有 140 万加拿大人造访墨西哥，越来越多的人在墨西哥购置了房产，但大多数人都只是短暂逗留。我和唐娜在 2015 年竞选结束后也去过那里。库利塞克夫妻最初想为他们自己以及他们 5 岁和 3 岁的女儿创造一次难忘的冒险经历，结果一下玩过了头。当时他们发现一个叫洛巴里斯（Los Barriles）的村庄，坐落在巴哈半岛（Baja Peninsula）南端的卡波圣卢卡斯角（Cabo San Lucas）附

近，环境舒适怡人，很受加拿大游客欢迎。他们很喜欢那个地方，还找到了一间待出售的房屋，他们可以修缮一下，或许还能获利。

在巴哈 300 勇士骑行赛（Baja 300）（在洛巴里斯举行的越野摩托车赛）期间，帕维尔遇见了一名叫卡洛斯·哈雷拉（Carlos Harrera）的越野车选手，不久后双方家庭都相互熟识。加拿大人与好客的当地人结伴，这看起来像一次如梦如诗的友谊之旅。帕维尔万万没有想到的是，这位本名古斯塔沃·利维拉·马丁内斯（Gustavo Rivera Martinez）的"卡洛斯"，是墨西哥和美国两国都迫切想将之绳之以法的大毒枭。2008 年的某天，在帕维尔和他这位新朋友于街边热狗摊聚会正热时，警方突然围上来将两人一同逮捕。经过数月后，墨西哥警方终于在同年 6 月指控帕维尔三项罪名：从事毒品交易、策划毒品交易以及策划组织犯罪。与此同时，帕维尔在戒备森严的瓜达拉哈拉监狱备受煎熬，憔悴不堪。

2009 年，帕维尔的家庭医生，住在西温哥华的雷蒙娜·彭纳（Ramona Penner），邀请我参与调查本案。她是我的选民，也是我与唐娜非常要好的朋友之一，我们尊重她的判断。雷蒙娜对于帕维尔案件的执着让我对她刮目相看。她前前后后忙了很久，组织了一个后援团，还和吉瑞娜自费飞去了渥太华。在我安排妥当后，他们在那里会见了分管领事事务的国务委员德帕克·欧布赫莱（Deepak Obhrai），墨西哥驻加拿大大使弗朗西斯科·巴里欧（Francisco Barrio）以及其他加拿大外交事务部的官员们。雷蒙娜还曾亲自去瓜达拉哈拉监狱探望帕维尔，为他发起了一场"写信给帕维尔"运动。因为帕维尔不是我的选民，我一般不会插手这种案子。但雷蒙娜是,她很会说服人,觉得我对这种案子经验丰富,而且说不定我还有能用到的人脉资源。

根据雷蒙娜以及吉瑞娜那里了解到的信息,并结合自己调查了解到的,我发现判处帕维尔的法律程序有所不当。再者,他看来是无辜的,入狱只是因为他碰巧在错误的时间点出现在了错误的地方。警方也没有证据说明帕维尔和毒品或毒品交易有直接联系。然而,罪名的本质——与毒贩交往——使得证明他清白异常困难。在墨西哥你若被指控贩毒,举证责任会转移到你身上。加拿大则采取相反的做法,举证责任在检方。

帕维尔非常幸运,有这么多人支持他,他背后有忠诚的妻子和所向披靡的雷蒙娜,有干练灵活的加拿大驻墨西哥大使吉耶尔莫·里什琴斯基(Guillermo Rishchynski),有胸怀人道主义的巴里欧大使,有我的朋友鲍勃·凯利(Bob Kelly)。鲍勃成了最佳队友,他恰好住在墨西哥,离帕维尔被关押的监狱大约50千米,无疑为我们提供了许多便利。这一切使得我能与这些优秀的人们联合起来,与加拿大和墨西哥官员们一起为解救帕维尔而努力。

巧合的是,鲍勃、我和里什琴斯基大使三者之间居然有非凡的联系,鲍勃曾是我们俩的老板!1986~1987年,加拿大贸易办事处在台北开设,鲍勃是我的老板。后来他在运营他原先的国际咨询公司时,又聘用了里什琴斯基。

鲍勃将帕维尔的情况及我介入的信息都告诉了大使。不过我前往墨西哥的消息似乎让大使的团队有点震惊。我前去墨西哥除了探望朋友一家人,还为了解决帕维尔的案子。在我造访瓜达拉哈拉时,里什琴斯基正在墨西哥另外一个地区出差,但他嘱咐办公室人员务必与我会面，之后又与我通过电话讨论了案情。我向他明白表达了对本案的忧心，因为其间显然执法程序有缺失，关押起诉的时间也过久。大多数参与这次事件的人都不知道鲍勃的付出和他与里什琴斯的良好关系对本案起了多大的作用。

抛开我和鲍勃以及里什琴斯那层关系不谈，我的议员身份也让我做到许多我不曾做到的事。我在国外执法的经历让我有机会结识墨西哥境内最具权威的一位国际律师奥雷利亚诺·冈萨雷斯-巴兹（Aureliano González-Baz）。奥雷利亚诺是墨西哥最顶尖律师事务所 Bryan González Vargas & González Baz 的联合创始人，碰巧也是巴里欧大使的朋友。他把我介绍给巴里欧，这让他后来在帕维尔案子上得以大展身手。巴里欧在渥太华以超乎常规的礼遇接待了吉安娜和雷蒙娜，他和奥雷利亚诺也为我与墨西哥总检察长办公室的官员会面交涉铺了路。不过就在此时，我突然听到了来自保守党政府——我自己的团队成员反对的声音。

我知道我有能力与人脉在我认为有意义的案件中发挥作用。考虑到这位加拿大人入狱已有 18 月之久，连何时可以实际庭审都不知道，对此我想确保整个进程及时快速地得到处理。作为一名国际律师，我的功底扎实，又有成功营救海外被囚加拿大人的经验，并且与墨西哥顶尖律师相识，身后还有一群选民支持者和我一样迫切想要解救帕维尔，看起来是万事俱备，成功在望。

但从某些保守党人的角度看，我这个国会议员不该越俎代庖插手其他选区公民的事务，而且还越过专业外交官的正常管道行事。对于那些疑虑重重的保守党人来说，我的插手只会使案子复杂化，因此他们强烈要求我取消与墨西哥检察官员的会议。

当我被告知不能与墨西哥官员会面时，我只得让冈萨雷斯–巴兹和巴里欧明白，我依旧在为帕维尔争取法律程序正义，只是我方政府不愿意我和墨方会面罢了。结果我还是与雷蒙娜同时飞往了墨西哥，她去监狱探望帕维尔，我去和处理此案的加拿大领事馆官员会面。

可能有人会问我，我是不是应该按原计划执意和墨西哥方的官员会面，背离保守党府方的意愿呢？其实我在取消会议之前曾认真考虑过这个问题，最主要的原因是我担心自己的持续涉足会削弱加拿大政府营救帕维尔的决心。政府在墨西哥城设有大使馆，在瓜达拉哈拉设有领事馆，背后是外交部部长，领事事务部长以及众多领薪资、为加拿大人服务的专业员工。顾及到帕维尔，我不敢用自己的行动去冒犯这些人。

我的观点是，在此事中，政府应当利用我独特的人脉和所能提供的经验。可是，政府却墨守成规，一切照过场走，无法灵活变通达到营救的目标。这种官僚思维让我沮丧，我不得不重新思考如何营救海外被囚者的策略（本章后面会细述）。

营救行动的过程中，最大的挑战在于找到一个可以扭转局面的人，并且促使这个关键人物承担起责任。在某些案例里，我们目睹过某些人承担着重于泰山的责任，就像领事事务部长[59]黛安·阿布陇兹（Diane Ablonczy）以及不断主动提供帮助的巴里欧大使一样。

我们了不起的里什琴斯基大使分外热心帮忙，他甚至去面见参与判决帕维尔案子的法官和检察官。我以前从未见过这样的情况，当地法院的官员竟然向被告本国的外交代表敞开大门。

很难说清这么多同时发生的事哪一件最终起了作用，或者说它们是共同起作用扭转了局面。总之，帕维尔最终被释放，没有任何指控、警告或解释。里什琴斯基邀请帕维尔到他家暂住，以作为从墨西哥监狱到回家与家人团聚的中间站。两周之后，里什琴斯基离开墨西哥，前往就任加拿大第二十三位联合国大使。

从司法的观点看来，这件事拖了太久，逮捕帕维尔的警官和原检察官最终因涉嫌贪污在墨西哥被起诉。这个事实本该让帕维尔早早就被释放，缘由是控方从来没有提出任何可以定罪的证据。帕维尔的支持者和我都觉得他早就该被释放了，但实际上他白白坐了三年半的冤狱。

要帮那些海外被囚者的亲友想对策，实在是一件困难的事情。有一件事非常清楚：最重要的是在被囚禁者身边建立起一个团队，让每个人都各司其职，通力合作，政府和民间一起努力。这一路上会有许多艰巨的阻碍，你必须处理团队成员的意见分歧和不同的日程安排。我曾在别处刊登的文章里详细阐述了这些问题，也强调过政府的短板。要真想帮助被关押在海外的人，不能只靠政府，更要依靠自己的资源[60]。

帕维尔历经磨难，有时还得抵抗严重的抑郁症，但他一直都积极面对这一切。从未学过画的他却能无师自通，习得一手好画，我还有幸从瓜达拉哈拉将他的一幅作品带回温哥华给了吉瑞娜。与其他很多经历过这样事件的人不同，他立志要报答协助他出狱的恩人。

解救海外被囚加拿大公民 [61]

当你意气飞扬，高歌前进之时，团队众人齐心协力是成功的一个重要因素，不管是为自由而奋斗或是追求其他的崇高志业。尽管在库利塞克案子上，我、外交部和政府的同事未能通力合作，但在其他由我出面的案件上，情况就好得多了。

自由是娇贵脆弱的，不是所有人都能得到它的青睐。营救海外被囚者从来不简单，需要关心他的人的支持，需要有力人士的帮忙，还需要国内政府的协助。即使这些因素都齐全了，结局也不一定圆满；你可能会成功，也可能尝到心碎的感觉。对我来说，当我处在奋进的状态下时，我的做法是：奋不顾身地努力，然后尽量祈祷，把一切交给上帝。

谈及帮助海外被囚加拿大公民的案例，每个人所处的情况都不相同。家属和支持者通常会陷入一连串陌生而令人沮丧的局面。一开始，团队组织欠佳，没有确定的发言人，与监狱内的沟通方式也受限制，大家乱成一锅粥，这时你应该做什么？也许大多数人都会向本国政府求助，但政府的管辖范围仅限于国内，超过边界，政府的能力也会大打折扣。

从我退休前担任议员和国际律师的经验来谈，加拿大的外交及国际事务官员以专业水平高、工作勤奋和效率高著称。此外，这些部门还在https：//travel.gc.ca 上提供了有关安全出国旅行的宝贵信息。

然而，我们的官员受限于须尊重其他国家的主权，海外被关押加拿大人的数目（一般来说，同一时间内有 2000~3000 人）

更受限于各届政府对案件的关注与愿望有所不同（譬如：假设我们的政府须同时解救被关押在同一个国家的多人，它也许不希望这个国家的政府在加拿大事务上插足，但可能又希望与这个国家展开重要的贸易谈判，或者又要考虑和"东道国"打交道的其他利益）。不管你喜不喜欢，想要成功解救海外被囚加拿大公民，除了靠政府之外，还要靠各方的力量。

以下附有一些具体的建议，或许能帮到在海外被囚禁的加拿大人和那些合力想要解救他们的人。

了解学习当地的社会准则以及办事流程：找到熟悉当地文化习俗、传统，以及适用法律的人。行事一定要灵活，懂得变通。我想起我曾踏入中国台湾的法庭，为一名在身无分文情况下被指控超市行窃的美国人辩护的案例。当时非台籍律师是禁止踏入当地法庭的，于是我以"翻译员"的身份出庭，为他赢得了诉讼。

如何与媒体打交道是一个敏感的话题：一旦有记者抓到了事件的苗头，政府和你就失去了主要话语权。只要一句令对方政府不悦的报道，就可能让你所关爱的人陷入更危险的境地。不过，如比尔·桑普森案所显示，把案子爆料给媒体，让他们去报道，可能也很重要，这样能确保东道国意识到全世界都在看。

顾及外国政府的利益：采取最为合适的方式，把焦点放在该国家驻加拿大大使身上，尽可能地反复权衡各方的利益纠葛。在帕维尔·库利塞克案中，墨西哥驻加拿大大使在帮助那名被控贩毒的无辜加拿大公民的家人方面起了重要且微妙的作用。

任命一名发言人：想要成功，一个团队必须组织有序。不管是在球场上，还是在解救亲人的战场上，必须授权由一人担任公开发言人的角色（如此方能统一口径）。

备好策略：要想解救海外被囚的加拿大人，一般需要"五指战略"。这五指分别为：政府关系、法律分析、媒体关系、财务筹款以及行政事务。五个领域都需要很好的协调能力。

结语

我父亲的所作所为比任何文字都来得更真实有力。我从他身上学到的是不要仅听人们以自由之名说了什么，而要看他们为自由做了什么。每次说到他的故事，我都为无法帮到他而感到难过，不过这让我退而求其次，去全力帮助那些跟他一样失去自由的人。父亲帮我把"自由"这个枯燥的概念转换成了永不消退的热情，让我去帮助那些被欺凌的人，那些被剥夺自由的人，那些没有发言权的人。

心里流淌着自由血液的人，他们满腔的热情不会因受害者与我们不同而被浇灭。那些深陷困境的人可能与你我都不太相同，事实上，他们极有可能与你和我是不同的。办公室里，我与员工都秉承为人民服务的宗旨宣言，"莫惧施善他人"意味着我们要服务所有人，不只是我们喜欢的人。无论有没有这个宗旨宣言，你可能都会为"自由"而努力奋斗。只要你这么做了，受刑人的信仰、文化背景或者国籍都不再重要。你或许不是帮助他的最完美人选，但其实那个完美人选压根就不存在。可以说如果你奋进了，你就是那个打开那扇门，找回某人自由的人。

上！"平等"

　　我想，应该没有什么比"平等"二字更普世但却更难以论述的了。首先，政治和哲学界的大师们早就将这个题目谈到烂了，政治学课程也充溢着亚里士多德（Aristotle）、亚伯拉罕·林肯（Abraham Lincoln）以及马丁·路德·金（Martin Luther King）的谆谆教诲。但我们却使尽家教之术培养我们的后辈，要求他们努力超越同侪，同时义正词严地要求我们的社会遵从人人平等的准则，前后一对比，我们的行为自相矛盾。

　　本书旨在让人保持奋进，旨在成就卓越，塑造最好的自己。这就意味着你时常要与他人做比较。如果你正在培养你的孩子，使他比同龄人更聪明、行动更快、准备得更充足，从这个角度看来，你得承认，平等似乎变得难以捍卫。一方面倡言卓越领导，另一方面高喊人人平等，不会自相矛盾吗？我们能在独善其身的同时追求机会均等吗？

　　扎根在一个宣扬平等价值的社会里，我们可以得到解放，向边缘人群伸出援手的同时追求卓越。既要平等也要卓越，我们可以两者兼得，就像一个被精心照料的花园，这个社会因机会平等使得卓越之花盛放。消除因不平等而产生的焦虑和敌意，激发人们追求卓越的意识，水涨船高，共同进步。

近几十年来，西方世界在女性、原住民及其他少数族裔、儿童、同性恋群体的权益争取方面，成果丰硕；不过任重道远，各界的领袖们——举凡政界，商界，各类游说团体，体育、娱乐产业以及宗教组织的领导等——都应借势而上，为提高全世界人民平等权益的目标而奋斗。

加拿大人与平等权益

在加拿大，人人平等早已成为共识。加拿大人的包容精神得到了世界上绝大多数人的认可，安顿难民、欢迎移民、宣扬我们的"民权宪章"（Charter of Rights）并恳切地谴责美国政客的好战行为。我们对"平等"态度认真，无论是谁，在加拿大取邮件包裹都会依次排队。

以我自己在机场办理登机手续时，试图利用身份取得特权的经验为例。当我冲向机场职员办理晚点的登机手续，我喘得上气不接下气，抽出加航贵宾卡，恳求她让我上飞机。"我必须赶去参加众议院的委员会议。"我这么说，心想可能会说服她，接着她说："噢，您是特别会员。"她指的是我的乘客身份，"那您知道这意味着什么吗？"我心想真幸运，她要让我登机了，接着她语调一转，兴致勃勃地告诉我："这意味着，您……误机了。"她的嘲弄让我意识到，暗示自己比他人"更平等"，换来的只能是竹篮打水一场空。

毫无疑问，我们应该庆幸权贵在加拿大并不能横行，至少不像在其他地区一般。但是，千万不要自我庆幸而冲昏头脑，在许多领域，我们在实现平等方面仍然面临着艰巨挑战。

目前加拿大各民族的关系是什么样的？如我们心中所想那般人人平等吗？"平等"究竟意味着什么？我们如何弥补原住民遭受的不可饶恕的偏见呢？这些问题曾留下我们历史上的污点，也将决定我们的未来。想要改善这一局面，我们每个人都必须发挥自己的角色。

宣扬平等之模范

无论你是否像我一样信奉基督，你都不得不怀着崇高的仰慕之心，看他不断坚持公平的原则，带给不幸的人希望。想想那些受践踏的人们，像是圣经中那个因通奸而面临石刑的妇人。悄悄地，坚定地，勇敢地，耶稣面对暴躁的群众，平息他们的怒火，然后要自认无罪的人出来扔第一块石头，就这样他救了那女人的性命[62]。他也照应不受待见之人，比如马太，一个靠从犹太群众身上榨取税收来供养令人憎恶的罗马占领军从而谋利的人[63]。想想耶稣接纳过多少病患——大家避之不及的人以及不洁者吧[64]。除了召唤大众信主，他还启迪众生打破藩篱，教导人们要向他人伸出援助之手，让陷于困境的局外人重回战场，像个战士般直面生活的挑战。

平等之于市场

值得庆幸的是，我们在争取平等权益上遭受的挑战很少达到圣经中所写的那般多，但不管怎么说，动用自身权力骚扰排挤他人都是不对的。房东与房客间的纠纷就是关于个人所有权的典型案例，房东可以严重伤害到弱势一方——房客——的利益。我与唐娜在中国台湾初次相遇时，唐娜的房东试图在没有法律条文支持的情况下将她赶走，尽管唐娜当时已经支付了一笔搬家的费用。我铆起劲来，寄存证信函给房东，让他明白规则不是他单方面编造的。房东最后"消停"了，唐娜也得以腾出更多时间来计划搬家行程。当双方实力均等时，结局的变化常令人惊讶不已。

平等与法律

律师在争取平等话题上有着得天独厚的优势。法律教育培养了你的分析能力，提高了你的沟通技巧，增强了你的说服力，它更赋予你可信度。西部电影中酒吧里枪手的能力证明装在枪套里，律师的从业资格证也有着类似效果。不管这是否属实，人们普遍相信法律从业者有能力改变事态局面。就像电影《大审判》（*The Verdict*）给我们的启示：律师可以使天平倾向弱者，而其他人都不具有这般能耐。在运筹得当的情况下，法律人可以帮助那些不熟悉权利章程、不懂如何为自己发声的人，争取公平的待遇。

　　这一切都需要追溯到我在多伦多奥斯古德法学院（Osgoode Hall Law School）就读的第三年。大学教程被划分成了六个学期，可以选择其中一个学期前往多伦多贫困地区的帕克代尔法律援助所（Parkdale Legal Aid Clinic）工作。我在该法律援助所的实践收获比在学校的其他五个学期学到的都要多，但我也感受到有许多人生活艰难。这些人同时与健康问题、经济压力以及法律责任做斗争。我有一个客户，她患有严重的心脏病，收入微薄，还收到了一封房屋驱逐令。我借鉴多年前帮助唐娜的经验，代表她与房东进行谈判，最后为她赢得了更多的时间。对此她格外感激。尽管根据法律条款，我能为她做的不多，但仅仅由律师来代表她，这一事实就使她受到比以往更平等的待遇。

　　法律教育赋予你自信，让他人信任于你。我想起一个年轻美国人的事情，他在中国台湾娶妻（台籍）生子。有一天，他在一家百货商店拿了一双袜子，没付钱就走了。在商场窃取一双袜子是件很奇怪的事情，尤其考虑到其中所需承担的风险。他表示自己并非有意行窃，只是心不在焉，忘了付钱。我在他出庭那天听说了这个案件，他将面临被定罪及遣返的命运。如果宣判如此，很难想象他和家人怎样才能重聚，而他的背景和经济状况都不佳，不知如何寻求法律帮助。

　　当年中国台湾对律师资格证的把控格外严格，只有受过正规法学教育的中国台湾居民才有资格获得。实际上只有不到5%的中国台湾各大学法学院毕业生能跨过这个门槛，当地也没有专门的法律来管理持有国外律师资格证的律师。只要我不在中国台湾执行律师业务，当局对像我这样的人也是睁一只眼闭一只眼。如果我在台湾公开出庭辩述罪案，显然是违背了这种谅

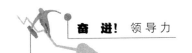

解，公然地违反规章制度，我和被告方有可能被一同遣返回国。

所以我退而求其次，作为翻译陪同被告。懂双语的出庭观众可能会注意到我对被告的部分言论进行了润色，有时候也"帮助法庭"把他的意思表达了出来。出席的人似乎都很感激我的加入，我恳请商场代表同意以一笔小额罚款作结，法庭也乐意就此判决。最终，严重的后果得以避免，公道得到了伸张，受惊的被告重回原本的生活轨道，继续奋斗。在他与这个世界之间，事情似乎看上去更加公平了一点。

我帮助圣战分子贝弗利·吉斯布雷西特一事收录于"自由"一章，尽管这个案子更复杂一点，但它本质上与受房东和老板欺凌的年轻女子、多伦多生病的房客以及台湾偷袜贼的遭遇一样。无论他们是有罪或无辜，都应该得到公正的审判，这意味着每个人都有平等的辩护和出庭时间，这是达到公平的一个基本要素。

平等与年长者

对平等的渴望也藏在人数日增的照顾那些在家养老的人群背后。在其他一些国家的文化里确有养老的传统，但这两个字对我们来说是一个新趋势，逆转了下一代把老人抛弃在养老院，孤独终老的现象。

我母亲身体状况急转直下的那段时间，我们极力把她留在家里，找人安装了一些设备以应对未知的挑战。我们在她的浴室装上了把手，换好了垫子预防她失衡摔倒，又安了一台电动升降椅方便她上下楼。我们还为她配了一部便携式轮椅、一个助行架还有一根拐杖，这些东西弥补了她衰退的体能，让她得以更平衡地面对日益消减的活动力。

最终我的好妈妈不失尊严地于家中离世，身边环绕着她爱的人。在母亲离世前的那段时日，我的孩子们随时可以去看望她，陪她聊天，我们深爱的狗狗克雷欧（Cleo）也经常在她身边。母亲深爱着他们。她以意想不到的方式回报了家人，给我们所有人带来了幽默、毅力和慷慨。我的孩子们认识到：你不必非得身体健康才能做出贡献。他们学会了尊重长辈，而这光靠父母言传是不够的。

平等与残疾

不公平事件在职场中时有发生。领导者——包括任何有权的工作者——他们可以确保在工作场所为弱势群体提供公平的竞争环境。在我与哈德·贾纳森（Halldor Bjarnason）初识时，法达律师事务所才刚成立没几年。我与事务所合伙创始人彼得·摩根、杰米·博雷及德里克·克瑞顿共事良好，事务所稳步发展，我们之间的关系似乎日益融洽。在那时，谁都没有理由打乱这个良好的发展态势。

但我的朋友威尔·约翰斯顿医生突然提议，让我去见见他的病人哈德。哈德一直都盼望着能够接触到像我们这样的创业型律师。他精通财产规划和家庭法律事务，才华横溢又有教养。不过比较特殊的是，哈德患有脑瘫，行走姿势很不自然，说话有时也模糊不清。就像他自己描述的，这让他有时候看起来就像喝醉了一样。在威尔的引荐下，我见了哈德，没有过于热心，我只是顺其自然地把他介绍给法达律师事务所的同事们，而他们展现出的兴趣让我颇为惊讶。哈德提醒我们，会找他的客户都不是我们平时所接触的身体健全的客户，我们能忍受办公等候区与众不同的气氛吗？最终我们决定抱着试一试的态度欢迎哈德加入事务所。

哈德进事务所产生的后果极具戏剧性。在公务会议上，我们有时不得不放慢步调以确保理解他的意思，但他的想法也确实值得我们这么做。他补强了我们在这部分专业领域上的欠缺。他也使我们对彼此、对客户以及对生活的方式更加人性化。

多亏了哈德的倡导，我在生活中发现了很多可以做出一番成就的新领域。在选上议员之前，得益于他的专业知识，我为当时的技能发展与人力资源部（Skills Development and Human Resources）部长黛安·芬利（Diane Finley）撰写了一份简报。我倡导建立注册残疾人储蓄计划（Registered Disability Savings Plan）的主张，得到了众多支持者的拥护，这使这份计划得以实现。已故的财政部长吉姆·弗拉赫蒂在他任内大力推行该计划，成为他的主要政绩。

在哈德的请求下，我们在卑诗省知名房地产专家奥兹·爵沃克（Ozzie Jurock）为首的商业领袖团面前发表演讲。奥兹是营销天才，极为重视效率与沟通。说服他让哈德与我同台演讲实在费了些力气，奥兹最终点头，但风头都被哈德尽数抢走，哈德告诉观众，如果他表达得含糊不清，尽管朝他身上扔东西，所有人瞬间集中了注意力。那天哈德的表现超出了预期，这样的事情我后来见到了无数次。只要机会均等，残疾人的表现常会超出你的预期。

平等与年轻人

我们的社会在促进青少年平权方面还需要做很多努力。这并不意味着每个人都要手握大权，行政办公室的职位也没必要拱手送给千禧一代，但我们可以尽可能地让年轻人参与我们的决策过程，充分运用他们的创造力，激发他们的潜能。

当新人和年轻人的思想得到长者肯定时，他们会倍感自信。克里斯·哈维（Chris Harvey）就是一个将这种观念付诸实践的人，我曾在他的指导下，在如今名为法斯肯（Faskens）的事务所担任律师。当时我刚从法学院毕业，作为晚辈与他一起参与了一桩复杂的诉讼案，他竟然向我征求案件推进的意见！我感到很震惊，他没有因为我缺乏经验而对我的潜力视而不见。克里斯对年轻人的观点一向持开放态度。他通过接触不受传统教条约束的年轻人来保持思想活跃。

你不一定要采纳年轻人的意见，只要你肯听取他们的意见，就足以让他们建立自信心。我很高兴有一群青年志愿者在我身后支持我的议员事务。不必多久，他们就意识到我期望他们发表意见。议会实习生艾莉森·史密斯（Alison Smith）在第一天上工时就发现了这一点。我让她把一件我的个人法案送到众议院去跑程序，要她第二天写封信给总理。我真希望能抓拍到艾莉森听到这个消息时，震惊得下巴都要掉下来的表情。作为 15 名议会实习生中的一员，通常会接到议员无关紧要的任务，而她第一天就开始进入了我的核心工作圈。为此她不负众望，全心全力为我争取赞同票。该法案——也就是致力解决冰毒和摇头

丸问题 （Tackling Crystal Meth and Ecstasy） 的 C-475 法案——成为那四年国会期间成功通过的六份个人法案之一。

在我的家庭中，孩子把自己的主张表达出来再正常不过了。所谓"大人的问题"，只有在大人没将自己的观点清楚地表达给孩子时才会出现。每当你遇到重要抉择时，往往很轻易忽视年轻人的观点。但是，如果你只让他们参与一些无关轻重的问题，你向他们传递的是一种什么样的信息呢？因此，我的孩子魏台山、魏高山和魏洁茹在政治、宗教信仰及其他所有领域都有自己的见解，他们尊重自己，也希望得到别人的尊重。

在我首次参选时，魏台山才 8 岁。我问他："在政治活动中，我们应该尽量让照片上报，增加曝光度，但在我们家，我们关心的是服务他人，所以要怎样才能将两者结合起来呢？"他沉思片刻后说道："跟你服务的人一起照相就好了呀！现在我们可以去跳蹦床了吗？"这应该是我得到过最好的建议了，一个 8 岁的孩子能说出这样的话挺厉害的！

后来孩子们长大了些，他们都曾作为"儿童议会实习生"在我的办公室度过一段时间，与我一起参与竞选活动。澄清一点，我自掏腰包付了他们的工资。竞选活动给我们留下了永恒的记忆，比如，魏高山回忆到自己曾冒着大雨跑去挨门拜访选民，当时选民们似乎对哈珀总理极其失望，他回忆道，"但是你从没气馁也从未失志过"。

培育孩子的独立意识本意上是好的，我们给予孩子更多选择的自由，但作为父母的我们有时也会因此感到失望，例如，我的一个孩子决定 15 岁之后不再去教堂做礼拜。我们支持孩子在这些事情上的独立性，即便他们的决定并不总是如我们所愿。

平等与原住民利益

当谈到加拿大原住民的平等问题时，事情就如同轮胎接触地面一般现实。几个世纪以来，原住民一直遭受着不公平的待遇。大多数加拿大人也认同我们必须在这一方面取得进展。然而，我们的政策却不断在推动"无别法律，区别对待"的差别待遇。我们有一项印第安人法案（Indian Act），表明了"印第安人"不同于加拿大人的权利和责任。受该法影响最严重的人甚至不喜欢"印第安人"这个词，这是导致该法律废除的第一个导火索。

我们的宪法中要求加拿大政府和人民有尊重原住民特殊地位的义务。然而，无论本意多么好，这些条款都反而使那些理应从中受益的人民被永久地孤立了。他们与其他种族的分离通过税收、打猎、捕鱼以及土地的相关特权被界定和确认。分离不会促进平等，美国最高法院在《布朗vs.教育委员会案》中得出了这一结论[65]。在这一具有里程碑意义的案件中，大法官认为根据种族来界定入学资格是不公平的，也不会促进平等。

不用教我们也明白，基于种族的权利与平等权利是相互冲突的。在某些方面基于种族的权利是很难改变的。我们应尊重这些权利，直到当事各方两相情愿地取消这些权利为止。与此同时，我们继续犯着严重的错误，加剧了原住民和非原住民的分裂。我们有机会促进平等，却反其道而行，结果反而鼓励了隔阂和不平等。更令人惊惧的是，我们总是一错再错。

原住民事务中不可接受的结果

快速浏览一下任何常用的指标，你就会发现有关原住民政策的失败。就死亡率、贫困、教育程度、酗酒、吸毒、犯罪活动和监禁率而言，原住民的生存状况都很糟糕。原住民的困境给所有加拿大人蒙上了阴影。

单靠政府资助并不能解决问题。在我担任议员期间，国家每年用于原住民事务的税金超过 70 亿加元。资金是有了，但却没有长期策略，也没有促进切实变革的明确原则。在这样的情况下，我们要从哪里开始做有效的改革呢?

一错再错

不可思议的是，政府一再通过注入更多的不平等来应对平等的缺失。这对一般人来说可能会难以理解，通常都可能会认为，当选的领导人会将平等视为一项基本原则，指导原住民事务中所有的谈判、协定、行动和声明；你可能会认为，领导者会直击问题的核心，让所有人始终朝着这个方向努力。但所有的这些假设都错了。

事实上，我们在过去 150 年里看到的总是"事与愿违"。即使在加拿大政府给予原住民基本人权之后，仍然以切香肠式的安排和协定来企图打消不满的声音。作为国会议员，我参加了无数次党团会议和委员会会议，听取各方的协议、让步、资金转移和各种权力分配。每次当问到他们一致的原则是什么时，我从未听到一致的答案。

当我们明显缺乏这样的指导原则时，我提出了一个基本理念，可以作为该领域讨论问题的起点。这个理念是：为了促进统一的过程与取得共识的结果，必须设置顶层指导原则，问题的处置方式越是复杂，越是需要顶层设计。当你考虑到原住民种族数目之多时（光在联邦政府注册有案的就超过 600 个），你会发现代表所有加拿大人的联邦政府在决断时的一致性有多么重要。若没有一致的原则，如何判断事务的进程是成功还是失败呢？

公平竞争

至少在有限的几次法案中，我提出的指导原则，通过了公众的审查。它们反映了我所了解到的加拿大原住民的愿望。我的选区委员会成员一致赞成这些原则。我提请总理、原住民事务部长和党中央干事会注意这些问题。保守党政府从未采纳这些原则，但也从没有明确反对。从来没有一个论坛允许其他党派有机会对它们进行审查或评论。这些原则合在一起构成了一个逻辑连贯、明晰易懂的体系，在平等的基础上推动加拿大前进。这六个原则的首字母共同构成了一个简单的、非常加拿大式的缩略词——SCATER（发音为 Skater）：

S 指自给自足（Self-sufficiency），反映了原住民和所有其他加拿大人在经济上能够独立的必要性。

C 对应确信、必然（Certainty），反映了加拿大人和外国投资者对可预测的政策、法规和趋势的需求。正如我在哈佛商学院

（Harvard Business School）时的教授本·夏皮罗（Ben Shapiro）喜欢说的，"只有 5 岁以下的孩子喜欢惊喜"。

A 是问责制（Accountability），这一点在原住民自治的许多方面都处于缺位状态。大权集中在少数人手中，自然会导致权力的滥用。

T 代表"透明性"（Transparency），因为它涉及责任。斯蒂芬·哈珀领导下的保守党走上了正确的道路，颁布了《原住民族群金融透明度法案》（First Nations Financial Transparency Act）。该法案要求原住民族群披露经审计的财务报表及其领导人的薪酬。可惜的是，贾斯廷·特鲁多领导下的自由党选择不实施该法案。

E 代表"平等"（Equality），是顶层的价值观。

R 代表"和解"（Reconciliation），即对过去政府亏待原住民的做法，明确而又体面地坦承国家在道义和法律上所负有的责任。

你可能不同意这个列表，或者觉得其中某一个原则比另一个更需要强调。尽管这个列表可能并不完美，但大多数人都会同意，有一个原则列表总比没有要好。如果你没有评判尺度，那就很难评判你的行动。

大山酋长案

正是由于我对平等的基本信念，我接手了一位英文名字为"詹姆斯·罗宾逊"（James Robinson）的原住民首领的案子。他和一位担任教师的朋友——尼斯加阿族之母慈悲·托马斯，反对为他们的人民提出的《尼斯加阿条约》。该条约由尼斯加阿议会、卑诗省的新民主党政府和自由党联邦政府于 2000 年颁布 [66]。条约赋予尼斯加阿人对卑诗省西北部土地的控制权，包括资源开采权和捕鱼权。罗宾逊和托马斯反对大权集中在极少数人手中。他们还认为，尼斯加阿族的领袖们为获得与其他加拿大人不同的特殊法律权利和地位，不惜牺牲祖先留下的大片土地。最后一点，他们反对尼斯加阿法律凌驾于加拿大法律之上的条款（这也是我与他们的观点最一致的地方）。

当他们两位来请我代表他们时，我无法拒绝。随之而来的是一场持续 10 年之久的官司。在法庭上，我们的论点集中建立在这样一个前提之上，即条约建立了一个违宪的第三级政府，否定了族人的平等权。2011 年，也就是在条约签署的 12 年后，卑诗省最高法院（B.C. Supreme Court）驳回了该诉愿。2013 年，上诉法院也同样驳回上诉，加拿大最高法院则拒绝审理此案。那么，我所做的这一切都值得吗？答案当然是肯定的，我认为，赋予原住民的特殊权利不但伤害了他们也伤害了加拿大。他们首先是加拿大人，只有在平等适用加拿大法律的情况下，他们的现状才最有希望得到改善。

促进平等的后援组织

在争取平等这样的志业中，你无法独自行动。你必须找到志同道合的人来鼓励和教育你。正如《圣经·箴言》中告诉我们"铁磨铁"[67]，这句话的内在相互关系强调，如果我们尊重某些人的价值观，就必须接受他们的问责。我邀请那些关心平等的人，组成一个名为"争取和解、平等与公平的加拿大人"（Cana-dians for Reconciliation，Equality，and Equity，CANFREE）的团体，号召一群人团结起来，致力于促进平等和相关公共政策目标。

我们大胆尝试创建一个可以通过诉讼来为平等案件筹集资金的慈善组织。我们知道加拿大只有一个这样的实体组织。我们不确定加拿大税务局是否会批准另一个慈善机构的成立。弗雷泽研究所（Fraser Institute）创始人迈克尔·沃克（Michael Walker）建议我在这方面借鉴美国的最佳做法。他把我介绍给他的朋友奇普·梅勒（Chip Mellor）。梅勒创立了"正义研究所"（Institute for Justice），他所做的正是我们希望做的慈善事业。我在华盛顿总部停留了 3 天，观摩奇普和同事们的工作。通过这些努力，加拿大宪法基金会在 2002 年诞生了。

直到今天，加拿大宪法基金会仍在努力促进平等，教育人民了解宪法，帮助那些因政府过度干预而在平等权和其他权利上受到损害的人。当平等权受到威胁时，我建议你向加拿大宪法基金会这样的组织求助。过往的经验让我确信：你不能孤身奋战。

"新主权原则"如何侵蚀我们的平等

作为一个乐观主义者，我很遗憾地说，虽然我们一直试图通过各种措施扭转不平等，但结果却让不平等愈演愈烈。这种毛病的根源可以追溯到简·克雷蒂安（Jean Chretien）。1969 年，时任"印第安事务部长"的他与总理皮埃尔·特鲁多（Pierre Trudeau，现今总理之父）合作，为了给原住民和其他加拿大人创造更好的条件。他发表了一份白皮书（White Paper），旨在废除《印第安人法》，如获采纳，所有的加拿大人都会得到平等的地位。从该法案中获得权力的原住民首领抗议这条"同化"之路。结果特鲁多和克雷蒂安不但没有达成共识，而且撤回了这份白皮书。

到 1993 年，克雷蒂安成为总理后，站在一个完全相反的立场解决了这个问题。他没有以平等为目标，而是提倡一种"固有自治权"，并在他的红皮书（Red Book）中发表。红皮书是自由党的政纲，选上之后便付诸实行，由于短视的结果，他赢得了一次政治上的回报，但却损害了加拿大的"平等权"。

这种"固有自治权"已经导致了一些加拿大人，包括原住民和非原住民，得出一个难以置信的结论：原住民社区应该被视为完整的"主权实体"。我们已经看到，克雷蒂安之后的每一位总理都是在这样的基础上治理的，我称之为"新主权主义"。

哈珀针对原住民社区问题上的治理取得了突破性进展。他特意为原住民学校悲惨的历史道歉；成立"真相与和解委员会"（Truth and Reconciliation Commission）；签署《联合国原住民权利宣言》（UN Declaration on the Rights of Indigenous Peoples）；多次会见原住民领袖；就一项拟议的原住民教育法与他们进行磋商；提供 20 亿加元的联邦纳税金来促进原住民青年的教育发展[68]；史无前例地让保护区内的妇女获得了平等的权利；进一步立法规定酋长对普通原住民承担的责任。他不顾自由党和新民主党的反对，实施了每一项计划，这些成就都来之不易。

但关于"新主权主义"的问题，哈珀的保守党在 2006 年大选后却是一切"缓步前进"。哈珀通过了几项包含新主权原则的条约，包括 Maa –nulth （2011）、 Yale （2013） 和 Tla'amin (Sliammon)（2014）条约[69]。在每一项条约中，内文都规定原住民法律在某些情况下可以优先于加拿大法律，从而削弱了平等。正如"勇气"一章所提到的，许多学者与我一样也认为这项规定是违宪的、不必要的、不明智的。错误重复的次数越多，就越难纠正。就《斯莱蒙条约》而言，政府在不向我透露条约内容的情况下强行颁布了条约，我对此无能为力。这件事让我做出了一个锥心的决定：我要对我的总理和我的政党，就我所代表选区内的事务，表示反对。

现任总理贾斯廷·特鲁多在 2015 年的竞选中做出了高调承诺——全心全意拥护新主权原则。此外，他还承诺进行"国与国"对话。

贾斯廷·特鲁多首次任命卡罗琳·贝内特 （Carolyn Bennett）为原住民事务和北方发展部 （Indigenous Affairs and Northern Development） 部长时，在授权信中这样写道：

"是时候在承认权利、尊重、合作和伙伴关系的基础上，与原住民重建民族间 （注：原词 nation to nation； 如前述 nation 译指国家）的关系了。[70]"

在 2015 年加拿大大选期间，他把情势搞得更加复杂，承诺在"事先知情并同意"的情况下，可以开发原住民主张拥有的土地，无论该主张是否得到证实。这一承诺复制了《联合国原住民权利宣言》的话语。在我担任国会议员期间，它提交到了国会，我和当时众议院的大多数议员一样投了反对票。这种"民族对民族"的做法是新主权主义的延伸，是一种崇高但注定失败的尊重原住民的努力。这是一个夸大到无法实现的预言。在允许开发受原住民管辖的土地之前，政府原本就有一套行之有年的与原住民当局协商的办法。由于存在领土重叠，对同一块土地的征用，有时必须征得多个原住民族的同意。显而易见，特鲁多的"民族与民族之间"和"事先知情同意"承诺，阻碍了原住民和非原住民的经济发展机会。

当然，这些斗争中的各方都会说他们支持平等。但是，领导者通常不会着眼于促进长久与真正的平等，而是专注于避免对抗、达成当下交易，以及把问题推给未来的领导者来解决。在短期内，他们通常专注于避免冲突，无论是皮埃尔·特鲁多、克雷蒂安、保罗·马丁、哈珀或贾斯廷·特鲁多都一样。对他们来说，在原住民事务方面，顺应眼下的需求远比引领加拿大走向长期平等更容易。

结语

请给大众一个机会！让大家有机会享有平等的信仰自由、谋生自由、过上自己喜欢的生活。促进平等是一个社会所能做的最有价值的事情之一！

从个人角度来说，奋进的人是尊重他人的。与不同的人交朋友，克服尴尬，提出问题。去他们住的地方，吃他们的食物，了解他们的信仰，关心他们的感受。通过与不同的人交往，你可以学到很多东西。就我而言，我从斯夸米什族人那里了解到先进的融资机制，从尼斯加阿族人那里了解到环境问题。无论身在何处，都要肯定自己的独特之处。平等的源头就在这里！

在工作上，寻找好的导师，不要只想金钱！与性格坚强的人交往会让你成长！加入为平等而奋斗的组织，比如加拿大宪法基金会，通过参加他们的讲座、捐款或志愿活动来支持基金会和其他类似组织[71]。

挑战你的民意代表！选民不动，他们不会动！要让他们对自己的承诺负责！基层原住民真的希望加拿大政府做"民族对民族"的讨论吗？当一个地方领导人说我们"站在某个原住民的传统领土上"时，我们真的是这么想的吗？我们这些相信平等的人，自己必须言行一致。当领导人说些言不由衷的陈词滥调，或不负责任地制造不切实际的期望时，我们必须点破他们。

敦促领导者恪守核心价值。大多数加拿大人认为，只有一套法律可以管理所有加拿大人：不是伊斯兰教法！不是西温哥华法！也不是原住民法！告诉你的领导者，言行要一致！说到就要做到！

最后，有意识地做出促进平等的决定，有时甚至不惜牺牲个人利益。权衡长期回报和短期成本之差别。把平等原则纳入你的决断之中，你会获得更好、更有价值的回报，这是保持奋进中很重要的一部分。

上！"健康"

不管你喜不喜欢，我们都在赛跑。这是一场与时间、市场指标、商业或政治对手竞争的赛跑。要想一路奋进，赢得比赛——或只是不想出局——你都必须做到两件事：调整节奏与保持身体健康。如果不能合理地调整自己的节奏，最终就会失败。对很多领导者来说，这两个必要条件很快被埋没在他们的日程需求、舟车劳顿、久坐的生活方式和糟糕的饮食习惯中。

我永远不会忘记那位在我前任的卑诗省议员。他在温哥华进行了一次群众演讲之后，立刻赶乘飞往渥太华的红眼通宵航班，他疲倦地告诉我们，他得穿着那晚的西服在第二天一大早进入众议院。这本可以是一个有趣、有料而又滑稽的描述。恰恰相反的是，他给人留下一个自怜自艾的印象：疲惫不堪，不珍惜为民服务的机遇。他似乎并不懂得节奏的重要性。在场的每个人都对他感到疑惑：如果他这么厌恶这份工作，为什么还要继续做呢？

在长跑比赛中，你可能更需要控制自己的节奏。2012 年 5

月，我在毫无计划的情况下参加了渥太华半程马拉松。唐娜则为同场比赛在跑步屋（Running Room）进行了训练。我们在1986年中国台北的一场赛事中相识，之后我们一直一起跑步，所以我非常了解她控制节奏的能力。在这次渥太华半程马拉松中，她认真对待比赛，全力训练，制订计划。她制订了每公里的目标速度。而这些基础准备我一样都没做。

枪声一响，我迅速出发了，感觉挺不错。在人群的鼓舞下，我跑得比近年来跑得最好的一次的半马还要快。我自大地认为，我想怎么跑都可以。毕竟两年前我刚完成渥太华全程马拉松，而且我经常骑行和跑步。所以，在没有计划的情况下，我享受着观众的鼓舞，以平均每千米少于4分35秒的配速跑过了前10千米。这个速度本可以让我在1小时50分的目标时间内完成比赛。但由于没有制订计划和控制节奏，我在下半场"崩溃"了，最后的成绩惨不忍睹。而另一边，唐娜则跑得很好，一直在加速，所以她的后半程比前半程要快——跑者们称之为"后程加速"。她在跑步全程感觉良好，并且跑得比预定速度还要快。这个例子对于任何领导者都是很好的一课——我们必须控制自己的节奏。

在生活中控制自己的节奏，意即将体育锻炼纳入自己的时间表。创建一个时间表，然后审视它，并且和共同计划的人讨论。控制自己的节奏就是确保你为家庭和个人事务预留了时间。不坚守承诺的人是不会这么做的，总有别的事情出现成为阻碍。如果你也认同自己处于"生活的长跑"中，那么就控制好自己的节奏，这样你才能坚持到终点。

最后，或许正如你母亲告诉过你的那样，即使是领导者也需要休息。疲惫不堪的领导者会犯错，会打击自己组织的士气，会留给他人容易超越的标准。每个人都有感到疲劳的时候。如果疲劳对你来说已习以为常，那么你需要调整日常作息。如果仍不起作用，考虑一下医疗护理吧。不要让疲劳和低效能成为你的标准。

一场全民健康与健身运动

领导者有责任让自己保持健康，无论是为自身、家庭还是所服务的人民。就我个人的经验而言，我首次意识到议会高强度工作节奏的生活方式是不利于身体健康，不间断的飞行让我失衡。在我担任国会议员的前三年，除了几个周末，我都会回到西温哥华的家中。要想在"竞技日"（当我需要跨越两个时区时，我这样称之）还能进行跑步、游泳或骑行运动，我就必须提前计划、有序组织，很多情况下是在凌晨2点或更早的时候挤出时间用来锻炼。即使周五早晨从渥太华飞温哥华的航班时间是东部时区 6 点 55 分（即太平洋时区 3 点 55 分），我都会在飞机起飞前的几个小时起床锻炼。而紧接着的，是疯狂的议会日程，是回应事先未预约的事情，是抗拒一堆想要赢得国会议员注意的人所举办的应酬活动的诱惑。

当我开始议会生涯时，曾下决心不走"下坡路"，我时刻把握机会，努力保持健康的体型。在国会山，政府提供了一批小型巴士，用于接送议员穿梭于各楼宇之间。而我则以步行代替坐车。那也意味着，我的办公室同仁要和我一同步行。实际上，在菲尔·马什（Phil Marsh）教练的鼓励下（见后文），我们提出

了"步行会议"的概念。人们想见我时,往往得在某个活动结束的地方追上我,并且陪我一起走到下一个活动点,我们可以边走边讨论事情。即使在渥太华寒冷的冬天,我也骑自行车去上班,而且只要有可能,我都会爬楼梯。

在我到国会山后不久,得奖的加拿大新闻摄影记者汤姆·汉森(Tom Hanson)在一场冰球斗牛赛中死于心脏病发作,年仅41岁。这场意外震惊了许多人,包括哈珀总理,他警告议员们"要注意自身节奏,因为我们的生活通常都不太健康"。当然,作为国家领导者,我们不能把那些话当作耳旁风。我想为自身不健康的生活方式做些什么,却苦于不知怎么做。我既非专业健身教练,也并非优秀运动员,显然我不是这个领域的专家。而就在那时,我有幸遇到几位真正具备领导一场全民健康与健身运动的能力出色之人。

国会健身计划

我在渥太华机场与时任公共安全部(Public Safety)部长的朋友戴国卫(Stockwell Day)交谈时,提出成立一个跑步团体的想法。我知道他自己也有过这样的想法。实际上,他找到了一位有兴趣帮助国会议员改善疲劳和不健康生活方式的教练。安大略省东部"跑步屋"的地区经理菲尔·马什愿意接受这个挑战。菲尔是个擅长组织赛事与活动筹款的名人,也是当地跑步界的传奇人物。他指导训练过优秀运动员、酗酒复建者、受伤退伍军人,现在他要来做政治人物的教练。

戴国卫开始行动了,他邀请所有国会议员在早晨六点半准时和菲尔教练一起跑步，起点就在国会大厦前著名的"百年之焰"（Centennial Flame）。当日就连独立派国会议员也到场了，这可是"建国大业"的一个小小胜利。

菲尔积极地把自己投入"议会跑步教练"的新角色。他不定期为我们介绍其他专家以提供帮助，其中包括一位营养师、一位理疗师和一位运动心理学家。除此之外，菲尔偶尔还会邀请跑步名人加入我们，比如乔迪·米蒂奇（Jody Mitic），他是渥太华市议员、《加拿大狙击手》（*Canadian Sniper*）一书的作者，曾在阿富汗作战受伤，失去了双腿。

与此同时，戴国卫在国会里里外外都展现出了很好的领导力。无论去哪里他都带着跑鞋。保护他的安全一定是个挑战。那些在国外负责保护他安全的人，可能并没想到，自己竟然要用跑马拉松的体能水平才能赶上他。戴国卫和妻子瓦珥（Val）在许多方面都展现出工作与生活的平衡。戴国卫是健康体魄的代言人，他的妻子则当选了议会配偶的协会主席，致力于解决公职生涯对婚姻所带来的压力问题。

国会议员们"开始跑步"后不久，在一次从渥太华飞温哥华的航班上，我发现自己坐在一位精力充沛的人旁边，他叫皮埃尔·拉方丹（Pierre Lafontaine），时任加拿大奥林匹克游泳队教练。实际上，他还担任过澳大利亚奥林匹克游泳队教练，后来当选加拿大校际体育联合会主席，并领导加拿大越野滑雪队。他是一位真正的"教练的教练"，在我写此书时，他正领导"加拿大骑乘协会"。那时，碰巧一位营养学教授和我们坐在同一排，我们不停地谈论着如何让加拿大人民更加健康。

皮埃尔视国会议员为领导和楷模。他、菲尔和我成了好朋友。尽管菲尔不喜欢早起，他仍然在每周二早晨与国会议员们一起跑步。他的老板——"跑步屋"的创立者约翰·斯坦顿（John Stanton）非常喜欢菲尔正在做的事情，并很乐意支持我们的努力。约翰是一名杰出的跑步运动作家，他的事业聚焦于体育活动，我们欢迎他的协助。而且，尽管有许多诱惑，他和菲尔谨慎地避免从菲尔与国会议员的关系中获得任何商业利益。

皮埃尔喜欢与国会议员在周二一起跑步的主意，他进一步想到：何不在周四一起游泳呢？皮埃尔找到紧挨着国会山的渥太华最著名的酒店——劳里尔堡酒店（The Chateau Laurier）的经理。酒店经理欣然答应给国会议员们每周四早晨使用泳池的许可。在戴国卫的继续支持下，菲尔、皮埃尔和我开始帮助加拿大成为"地球上的健身强国"，这是我们一有机会就向人重复的口头禅。

虽然我那时还没有完全意识到，但实际上，一场旨在提高加拿大人健康水平的全国运动正在兴起。我们正着手于一项宏伟的计划，使加拿大成为"地球上的健身强国"。这是个荒唐的目标吗？或许吧。但有时领导力需要如作家吉姆·柯林斯（Jim Collins）所说的"宏大的、惊险的、大胆的目标。"我们成功了吗？当然，还没有。不过，正如下文所述，我们取得了重大进展。这一路走来，我了解到许多正在奋进和想要改变的人所必须具备的关键特征。这些特征包括与有愿景和信念坚定的专家或对手合作、加强信息交流并让信息广泛传递到更广大的社会范围。

向全民健身日迈进

在国会山，我们做出了引人注目、积极的改变，适当地改良了国会山的惯例。然而，仅凭这些活动不太可能使加拿大成为"地球上的健身强国"。一次令人难忘的沿渥太华里多运河赛跑改变了这一切。

在一次春季的"菲尔会议"上，戴国卫正在为波士顿马拉松（Boston Marathon）做准备时，菲尔提出了让加拿大各地城镇参与进来的主意。通常参与议员们会在周二的晨跑中讨论各种各样的事情。实际上，最初的"步行会议"在我们办公室里被称为"菲尔会议"，源于每当我们步行或跑步时，就会产生很多灵感，同时也能解决可能在会议桌上要面对的问题。

这个主意最初听起来是那么不切实际。一个国会议员怎么能伸手去管牵涉到加拿大成百上千个地方政府的事呢？又有什么诱因足以让他们为这个计划而共同努力呢？菲尔不肯放弃！要让加拿大人动起来，地方政府必须动用他们控制的大量设施。菲尔激动了！他说："学校操场和体育馆在放学后和周末都是关闭的。通过消除成本障碍可以让公众积极参与一些健康的运动。就像学校一样，城市泳池和竞技场都是可以免费对公众开放的场地。"不久，菲尔和皮埃尔说服我发起一个关于国家运动日的计划，让这些场所都以优惠的方式对公众开放，也使地方领导有一个特别的机会，敦促大家尝试一些有益的游戏或运动。从本质上说，我们就是想找到一种方法，让不分大小的加拿大人聚在一起——玩！一个宏大的、惊险的、大胆的目标诞生了。

当我把这个主意写下来并提交给我所代表选区的 12 个地方政府时，我仍然对此项目信心不足。出乎意料的是，地方政府全都欣然同意这个想法，于是"全民健身日"诞生了。我们看到越来越多的地方政府宣布了这个节日，且数量正稳步增加。与此同时，我开始正式制定全民健身日战略，起草我的第二项议员个人法案 C-443。参与的人数不断增加，相关邮件数量也不断增加，就在我们似乎无法应对的时候，一个完美的解决方案上门了。

2012 年秋天，玛里琳·麦基弗（Marilyn McIvor）刚刚从惠斯勒搬来渥太华。她担任我所代表选区的公共卫生护士一职，负责监督惠斯勒和周边区域的基本卫生预防服务。她不仅懂得公共健康和管理，还是 2010 年奥运会越野滑雪赛金牌得主阿什莉·麦基弗（Ashleigh McIvor）的母亲。很快，她成为了全民健身日的协调人。

南希·格林·雷恩（Nancy Greene Raine）也加入了我们的队伍。她是加拿大 20 世纪 60 年代的顶尖滑雪选手，在 1968 年格勒诺布尔奥运会（Grenoble Olympics）上赢得金牌和银牌，1967年、1968 年两次获得世界杯（World Cup）总冠军。她的 13 场世界杯胜利仍然保持着加拿大的纪录之最。在所有项目中她赢得了 17 次加拿大锦标赛冠军[72]。2009 年，我组织的一场讨论2010 年奥运会遗产的座谈会议中，南希发挥了关键的作用。她想为我们的运动员争得金牌，但她认为全加拿大人民的健康与健身更为重要。在 2009 年，关于任命她作为参议员一事，总理办公室前来征求我的意见（当然，还有许多其他人的），我热烈地竖起大拇指赞成。此后不久，她就被任命为参议员，一直到现在都是卑诗省和加拿大利益的拥护者。不管你怎么看待参议院，对卑诗省来说，有南希这样一位参议员是件好事。

在 2012 年，我提出制定全民健康与健身日的法案 C-443。对一名国会议员来说，要在众议院通过一项个人法案并不容易。就像在"同理心"一章中讨论过的，我曾在 2011 年实现过一次，通过了旨在解决冰毒和摇头丸问题的法案 C-475。在 2008~2011 年提交的 700 多项议员个人法案中，这项法案是脱颖而出的六项个人法案之一，因此我能再通过一项法案的可能性不大。

要发起一项议员个人法案，国会议员们需要等待时机。你的名字会出现在一张随机序列表中，名字排在上方的国会议员列为优先，如果名字排得靠前，那么你的法案就有相当大的机会被议会通过。然而，由于我的名字在最后 20% 的位置，前景渺茫。我使出浑身解数试图与位置排前的国会议员交换，这一招曾在冰毒法案中奏效，但这次一点用处都没有——直到一位年轻聪明的卫生部长顾问，尼克·斯维塔斯基（Nick Switalski）建议我带着法案走"后门"，先说服一名参议员提出该议案。这个办法并不常用，但我正好知道有这么一位合适的参议员：南希·格林·雷恩。我们成功了，每一位国会议员和参议员都对法案 S-211——即全民健身日法案——投了赞成票，它在 2014 年成为法律。

庆祝全民健康与健身日最先是在惠斯勒，现在已经有 270 多个加拿大城市正式参与该项活动。在每年 6 月的第一个星期六，各地方政府把娱乐设施作为重头戏，鼓励加拿大人更积极地参与活动。但是我们从"参与行动"（Particip ACTION）那里了解到，只有不到 7% 的孩子每周能得到基本的 6 个小时运动时间——多么令人震惊！因此，全民健身日的目标是选出一天来团结所有加拿大人民，希望这样的热情能够鼓励年轻人及他们的父母和其他人更广泛地参与运动。

要使加拿大成为"地球上的健身强国"，全民健康与健身日只是一个开始。我们需要后勤保障和公信力，我们所接触的组织都很喜欢我们的梦想，喜欢我们轻松的风格和我们行动的速度。但如果我们被视为一个党派团体，他们就不会承诺加入我们的顾问小组了，关键是要找到共同点。

成功的秘诀

一项全国性的倡议要取得成功的秘诀是合作。截至 2013 年 6 月，加拿大健身产业协会的报告显示，全国有 60 位议员参与联系地方政府。在我离开国会的时候，很幸运，很多领导组织已经成为了全民健康与健身日的忠实支持者。"参与行动"是一个加拿大国家非营利组织，它的使命是帮助加拿大人少坐、多动，在 2015 年也加入了我们。该组织在创作新潮的商标、海报、工具和社会营销策划方面为我们提供了专业的帮助。在 2015 年我们与加拿大公共卫生机构共同组织的健康峰会上，公开了全民健康与健身日的官方商标，一个经过专业设计的、小组审核的注册商标 [73]。在全民健康与健身基金会（National Health and Fitness Foundation）网站上，很容易就能找到一份组织合作伙伴的列表和一份易于操作的关于如何让你的社区参与的说明 [74]。

其他组织也相继加入了我们。加拿大都会联盟（The Federation of Canadian Municipalities，FCM）是联邦政府在促进健康与健身方面的强大盟友，时不时对全民健康与健身日给予支持。还有许多其他组织也都支持全民健康与健身日并有意继续这样做，诸如：心脏病暨中风基金会（Heart and Stroke Foundation）、体育有用论群组（Sport Matters Group）、加拿大体育健康教育会（PHE Canada）、加拿大公园暨娱乐协会（Canadian Parks and Recreation Association）、启动基金会（Jump Start Foundation）、加拿大红十字会（the Canadian Red Cross）、加拿大基督教青年会（YMCA Canada）、横贯加拿大越野协会（Trans Canada Trail）、加拿大终身体育（Canadian Sport for Life）、加拿大医学协会（Canadian Medical Association）、跑跑俱乐部（Movember）、跑步屋、加拿大健身产业委员会（Fitness Industry Council of Canada）、加拿大轮胎公司（Canadian Tire）、好生活健身（GoodLife Fitness）。

全民参与

为了让人们持续关注议会健身计划及全民健身日，我们创建了一系列支持健康和健身的相关活动，其中包括每年在国会山举行的三次大型活动：国家救生衣与游泳日（National Life Jacket and Swim Day）、加拿大自行车日（Bike Day in Canada）和山地滑雪日（Ski Day on the Hill）。多亏了"跑步屋"的赞助，在全民健康与健身日（NHED）年度大会期间，我们得以和"加拿大都会联盟"合作创建了一个跑步/步行活动。

高知名度的公共活动是获得关注和保持公众兴趣的重要途

径——你可以借此在全国范围内聚集大量追随者。要想让你的活动成为舆论的焦点，活动必须有良好的组织、有效的沟通、合理的时间安排，并且能给人带来快乐。对各行各业参与者的报道，尤其是传播政治人物的参与时，最好可以指出他们都是有新闻价值、有趣的人。

虽然历经了选举造成的中断，但我们现在终于有了一个注册的团体，即全民健康与健身基金会，可以一直做下去。虽然我失去了国会议员的位置，但这个基金会却架起让我继续致力于健康与健身课题的一座桥梁，也增强了我们工作的跨党派属性，因而得以持久不衰。一个关键因素是，我拥有像南希、皮埃尔、菲尔和玛里琳这些能和谐共处的优秀同事。如果我的梦想实现——加拿大的领导者团结一致让加拿大发展成为"地球上的健身强国"——那么很大程度上是由于这项倡议肇始于大家的共识之上。

让民选官员更多地参与进来

我们规划国会健身计划是为了两件事情：第一，使国会议员身体更加健康，工作更加高效；第二，作为榜样，提高议员引领国民达到更高健康标准的能力。

跨党派结构是一把双刃剑。一方面，它倡导着包容性和高效性；另一方面，政治人物们认为，如果没有"政党主导"的大帽子，此事就不值得他们关注。

一个会将国会健身计划作为政纲之一的政党必然会声势蒸蒸日上。其他人也会效仿，因为好的想法确实值得借鉴。扩大国会健身计划，确保所有议员都能意识到它很简单，不需要多少预算。政府还应根据公职人员的日常生活和健康问题，为当前的活动提供专门的简报。卑诗省内阁部长兼残奥会冠军米歇尔·史迪慧（Michelle Stilwell）在卑诗省立法机构提过类似倡议。担任部长期间，她在 2016 年里约残奥会赢得了她的第六块金牌。她是一位真正成功的领导者，也是一位伟大的楷模[75]。在她的协调下，全国各地立法机构都有望采用某种形式的国会健身计划。

加拿大参议院将全民健康与健身日铭记在心，2016 年一份关于肥胖的研究报告指出，国家可以更有效地借助全民健康与健身日增强国民体质。这份报告特别指出全民健康与健身日背后蕴含的理念，即个人对自己的健康负有最明确的责任[76]。

行进中的车轮

在所有这些有关政治与社区活动的建议中，很重要的一点是，在所有游说与组织活动之间调整自己的节奏，并且关注自身健康。根据个人经验，让日常生活中的交通方式成为健康生活中不可分割的一部分，是一件大有益处的事。在忙碌的生活中，这能帮助我为自己的健康负起责任。我参加过三项全能比赛，也参加过极具挑战性的骑行，但我并非竞技骑手，我只是把骑车作为自己最喜欢的通勤方式。我的努力远在我成为国会议员以前就开始了。我从西温哥华骑到温哥华的律师事务所上班。我之所以能每日完成 7000 米的通勤路程，或许部分可归因于我工作所在的办公大厦中有淋浴设备。我学会在一年四季都

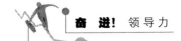

骑自行车通勤。因此，我把推广骑行运动作为全民健身的方式之一，再自然不过。

后来，我成为"奥运骑行"的议员，我发现即使自行车已从我的日常生活中淡去，自己还在谈论骑行。当时有两个人向我发起挑战。时任惠斯勒市政议员的汤姆·汤姆森（Tom Thomson）公开问我是否骑车。为了有效回击，我的助理乔西·彼得斯提醒我新近有一项骑行活动——格兰芬多自行车赛（Gran Fondo），这是一项从温哥华到惠斯勒段 122 千米的公路骑行赛事，一路上我选区内的美丽风光尽收眼底。这项活动也将促进骑行运动、健康、经济、旅游和环境保护。

由于骑行的距离和坡度，比赛令人生畏。即使需要应对赛事中途不能间断的要求和崎岖的路线，我还是报名参赛了，也找到和我一起骑行的同伴，恪守我践行更健康、更全面生活方式的诺言。从几位骑手朋友那里，我收获了对人生意义的指导、鼓励和对照。骑手们往往是积极向上、百折不挠的；他们是生活平衡的奋进人士。他们对健康的重视启迪了我的思想和工作方式，还影响了我的所作所为。因此，我建议，如果你的日常生活和环境允许的话，快点找辆自行车骑吧！

更宏伟的蓝图

毫无疑问，骑行不但有益于健康和健身，而且在魁北克、爱达荷、法国、非洲和亚洲的相关部门将这一项目提升到了全新水平，利用骑行旅游带动了经济发展。多年来，温哥华一直在探索如何让这座城市更适合骑行运动。在渥太华，人们可以沿自行车道向任何方向骑行 50 千米。但是加拿大的总体国家战略在哪里呢？

　　从我的选区开始，我与骑行协会共同合作，为修建自行车通行的绿道和游步道筹集基金。我们成功地为我所在的部分选区申请到了联邦基金。惠斯勒与斯夸米什越野骑行协会也从中获益，为 2010 年的惠斯勒曲柄自行车节（Whistler Crankworx Bike Festival）筹集到了固定基金，并获得了重大胜利。在我们三番五次的努力之下，既是自行车爱好者又是我助理的乔西·彼得斯和我一起从加拿大招牌工业旅游项目（Industry Canada's Marquee Tourism Program）中为该节日争取到了基金。这项基金唯一的"缺点"是需要我体验骑行冲山运动，在惠斯勒山地沿着下坡路线骑山地车来庆祝成功。这可把我吓坏了，因为我一直是个公路骑行者，而非山地骑行者。幸运的是，被逗乐的乔西为我配备了像"防弹衣"一般的山地骑行装备，并顺利引导我毫发无伤地通过了赛道。

　　与我们的倡议项目做法相似，在这个项目上，我们也向选区的专家寻求指导，如何展现对骑行策略的领导力。骑行在我所居住的地方很受欢迎，我们有世界著名的山地自行车小径和世界上最棒的景色。我们邀请了骑行俱乐部和车店代表，竞技和休闲自行车爱好者，以及其他骑行倡导者共同参与进来。借用美国国会议员厄尔·布鲁曼诺尔（Earl Blumenauer）的话，我们创建了一个"自行车党派委员会"(Bike Partisan Committee)——一个能给我带来工作重点与打手的非正式组织。选区中的骑手有表达意见的渠道，志愿者们和我在公共场所一起骑自行车。

　　2011 年，我们开启了一项名为"选区骑行"（Ride the Riding）的年度活动。这个想法能够让我通过骑车去拜访一般选民活动。我希望把骑行提升为一项合理的交通方式，而不仅仅是一种全民休闲方式。我的确比大多数骑自行车上下班的人对于骑行更有感受。我那天性活泼的助理苏·麦奎因（Sue McQueen）并非自行车爱好者，由于我的骑行，当我在雨中穿梭于各个会议之间时，她喜欢在旁边的车上抱怨她的拿铁咖啡都变凉了。当地媒体也帮助我们宣扬理念：自行车不仅是运动器具，也是交通工具。

把它带到国会山

偶然的相遇可能会改变一切，这一点是我在与皮埃尔·拉方丹的会面时明白的，后来跟一位陌生人的会面更说明了其中道理。2011 年秋天的一个早晨，我在渥太华家中意外地邂逅了一位陌生人，罗伯·麦克卢尔（Rob McClure）。那时我们刚刚搬来，而罗伯正在找另一位"约翰"，就是这栋房子前任的主人。在清楚我的身份后，他邀请我改天和他一起骑自行车，最后我们骑行穿过了渥太华河北部风景秀丽的加蒂诺山（Gatineau Hills）。罗伯的职业是计算机软件专家，他是渥太华骑行俱乐部的志愿者领导者之一。在我们骑行时，罗伯建议创建一个国会山活动来促进骑行运动，于是国会山自行车日就这样诞生了。

当地体育用品商店——坤斯塔特运动（Kunstadt Sports）——店主罗恩·坤斯塔特（Ron Kunstadt），慷慨地借给参与者 20 辆自行车和头盔。我们获得了必要的批准，与至少 4 处警署进行了协调（加拿大皇家骑警队、魁北克省警察局、渥太华市警察局及国会山安全部门），并且获得了免责声明书。2015 年，我们还找到了一家保险公司，也可能费了一番唇舌，安抚书计官暨国会法律顾问办公室的紧张成员。回顾往事，我很惊讶我们能够设计、创造、实施和传播这样一项涉及国会议员、媒体、孩童、志愿者、骑行、几个警方机构和高峰时间交通的活动。这项赛事及其传递的信息推动了全国骑行运动战略的制定。

国家骑行战略

美国的自行车倡导者组织完善，他们已经从事这项工作 10 年了。他们在多年前就赢得了"现代国家需要国家骑行战略"这一辩题，并积极将之付诸实行。在 2012 年，安大略省知名自行车倡导者埃莉诺·麦克曼（Eleanor McMahon，现任省旅游部、文化部、体育部部长兼柏林顿议会自由派议员）邀请我陪同参加在美国华盛顿，由美国自行车骑士联盟召开的一年一度的国家自行车峰会（National Bike Summit）[77]。在那个美丽的春日，与 1000 位倡议者的骑行让我萌生了一个梦想：如果到 2022 年，我们也能看到一千名加拿大倡议者骑行为庆祝国会山自行车日而聚集在渥太华的话，那该有多好。

波特兰众议员厄尔·布鲁曼诺尔是华盛顿特区活动的主要发言人之一，是他刺激了我创建"自行车党派委员会"的灵感。他被公认为美国自行车运动的政治领袖，数十年前他创建了自己的"自行车国会党团"，这是一个支持骑车和步行的非正式国会议员团体。"自行车国会党团"是千百万自行车爱好者在华盛顿的喉舌，他们积极推广更安全的骑行车道和更宜居的社区。

厄尔跟我在法律学院最亲密的朋友波特兰律师辛迪·巴雷特（Cindy Barrett）是同班同学，她介绍我们认识。像厄尔一样，我开始在西服翻领上别一个彩色的塑料自行车胸针。这个胸针不仅成为我的标志，在多数的国会议员同意通过全民健身日法案S-211时，我也让他们都别上了这枚胸针。这为多少有些严肃的众议院增添了一抹欢乐的色彩。

后来，在哈珀政府任内，我们的战略取得了突破性进展，终于促使交通部长丽莎·瑞特和她的国会秘书杰夫·华生（Jeff Watson）认可骑行运动成为交通部门的一项议程事项的潜力。贾斯廷·特鲁多领导的自由党政府甚至更为支持。环境和气候变化部部长凯瑟琳·麦肯纳（Catherine McKenna）郑重推出并制定国家骑行战略，彰显出特别的决心。我与加拿大自行车的创始主席艾尼·伊利亚斯及其员工定期进行沟通。同时，新民主党也站在这一边。国会议员戈登·约翰斯（Gordon Johns）在2016年提出了一项个人法案，倡议制定国家骑行战略。这些努力显示，我们已经把骑行运动提升到了中央政府层级的议程。

结语

许多从一开始只是少数人倡议的事，久而久之却能产生出非凡的结果。2016年7月，在一个小团体决定于国会山优先推行健身计划，并于数年内扩及全国之后，我很荣幸在200多位美国医学院领导前发表演讲，讨论他们在健康与健身教育上所扮演的角色。这次活动是由权威的美国医学院协会主办的。该协会总部设在华盛顿特区，成员包括2000多名医学院长，管理人员、研究人员及医生。在全体会议的演讲中，我指出医生的影响远远超出了他们作为卫生保健提供者的职责。他们的影响力关乎他们是什么人——他们是社区的领袖人物。医生比政界人士更能影响人们的人生观，尤其是对健身的看法。

"奋进"的人（包括医生、政界人士等）会把体育活动的挑战考虑在内。我希望你们敢于和我一起为梦想做出改变。我希望到2025年，每一位加拿大国会议员和参议员都将把促进全民健身当作自己的职责。虽然有很长的路要走，但我们已经前进了很长的一段路。我们从国会山出发，一路跑步、步行、骑行、游泳遍全国。政治领袖只是个开端，其他有影响力的人也可以通过规律锻炼来提高身体素质。在各行各业，"奋进"的人们正在发挥着促进健康与健身的作用，他们改变工作环境，提高周围人们的生活质量，让整个社区更健康，使每个人都获益。

有时候，领导力可以始于一次小小的运动，通过倡议者和决策者所处的社区逐渐进行传播，引发越来越多的人热情参与，最终成为一场不断扩大的、积极的社会变革。就健身而言，国家的健康与幸福系乎于此！

上！"决心"

决心是卓越领导力的关键因素。写到这一章时，我注意到必须通过几个步骤来集中注意力。我刚刚关掉笔记本电脑的无线网络，内心深处就冒出个小恶魔，怂恿我让手机的无线网络就那么开着，但经过一番思想斗争后，我还是把它关掉了。此刻我正站在一个立式书桌前写作。我发现站立让我更能集中注意力，处于这种主动的姿态时，我感觉自己就像一名正奋力冲向终点的运动员。工作务必专注，专注赋能工作。

在我时常去灵修的本笃会隐修院（Benedictine Monastery）（即卑诗省密西安的西敏寺）里，修士们个个坚守清规，心无旁骛。他们自律且高效，他们自给自足，饮食健康，并且出人意料地，仍然与世俗世界保持着联系。他们平和睿智，可以教给世俗中的我们许多。他们知道如何远离世界的干扰，也许没有无线网络是他们的秘诀之一。作为领导者，我们很少有人能像修道士一样生活。那么要如何克服干扰来完成具体而重要的事情呢？我们如何才能每天都这么做呢？我们如何一生都自律呢？

知道你想要什么

在我最喜欢的电影《史密斯先生到华盛顿》（*Mr. Smith Goes to Washington*）中，吉米·斯图尔特（Jimmy Stewart）饰演新上任的参议员杰斐逊·史密斯（Jefferson Smith）一角，与腐败的政治体制进行抗争。尽管对手试图分散他的注意力来阻挠他，让他偏离正轨，但他坚持不懈地追求自己的优先目标。他专心一志，排除了干扰。在一场好比大卫与歌利亚的战斗中，参议员史密斯没有放弃，靠坚定决心赢得了胜利，这真是振奋人心！在我前往渥太华就任国会议员之前，约翰·弗雷泽敦促我明确自己的目标。他是渥太华政界的老手，当过部长和众院议长。他见过多少国会议员到了这里，很快就失志消沉下去，不再热衷于职责。他说，最戏剧性的例子是那些没有安排好优先事项的人。旅行、选民、政策、各项委员会、总理办公室、个人生活。这些力量都把你拉往不同的方向。所有的领导者，不管是哪个领域的，都知道这个问题。不管你精力多充沛，头脑多聪明，分散的决心会导致一事无成。

我选择了三件优先事项：原住民事务、国家安全和参议院改革。每一件都与我所代表的选民和国家息息相关。在这三个项目上，我都具备相关的教育背景、经验和人际关系。每个项目上，我都可以有所发挥，只要情况允许。选择这三件优先事项能帮助我利用资源分配时间做出决策，解决现实问题。当我和我的团队设定年度目标时，我会牢记这些优先事项，如此才有助于规划优先事项与紧迫目标之间的区别。然而，我也无法一心一意只顾及这些大目标，现实状况下，这些大目标有时不得不让位给一些我无法掌控的情境，诸如我所属的委员会事务与急迫的选民服务等等。

作为国会议员，我必须掌管好几个办事处，服务 130000 名选民，在众议院投票，出席所属各委员会。那些都是我工作的组成部分，多数情况下我无法选择。在履行这些职责所需的时间之外，我才会有机会优先追求更大格局的目标。对我来说更重要的是，专注于可以行使自由裁量权发挥优势资源做出决策的部分。我知道自己之所以留在渥太华的原因，就是当我可以选择的时候，我能够将自己的资源奉献于这些大目标。

根据轻重缓急安排事务的优先顺序

一旦你确定了优先顺序，就把它传达给同事、部属和你所服务的人民。这样会给你带来力量。人们对你的"决策"是有感应的。他们会从你的果断中汲取能量。一旦人们理解你的关切，他们甚至会认为你就是这方面的专家。一旦你公开了这些你最关注的优先事项，你会更容易消除时间表上的干扰。有了决心，有了发展方向，专业技术会随之增长。当你有机会在你选择的领域有所作为时，你会变得突出，你的学习也会集中于你的目标上。

在理想状况下，你的团队会定期审查优先事项。我的国会议员团队每年都会举行一次正式的审核。首次实行时，我邀请了 4 个办公室的成员聚集到一起，这种举动看起来挺尴尬的。我不知道原先在我选区的国会议员是否这么做过。让渥太华办公室的人与西海岸办公室的人面对面会谈是一大创举。但让来

自各办公室的成员互相理解及更好地包容是极其重要的，因为他们各自所处的环境存在巨大差异。

在我的国会议员办公室计划与优先事项首届年度会议（MP Office Annual Planning and Priorities Conference）前夕，有一位职员对另一位职员说，这项活动是徒劳的。她没有料到与会者会认真对待这次会议（或许是由于我选择的会议名称太大气的缘故）。我们改变了她的看法和我们团队的企业文化。在我的任期即将结束之际，我的团队提前几个月讨论了年度会议。它成为了一项重要的、持续的传统，既高效又有趣。这项会议帮助所有成员熟悉了团队的使命、价值观、优先事项、目标和进程。我们据此设立了该年度的目标。

不过，领导者会经常被带离首要任务。原因有两点：一个是无法避免的"拉力因素"；另一个是你可以对抗的"推力因素"。

"拉力因素"。人生是千头万绪的，谁也无法将所有应负的责任放进明确的"篮子"里。如上所述，我们的选区是全国最富有挑战性的选区之一，无尽的干扰把我们"拉"离优先事项。我们有 13 万选民、12 个地方政府和三个原住民区域；在城乡区域、种族和人口多样性各方面，分布非常平均。面对种种利益纠葛，尽我们所能排除干扰项成为关键。毋庸置疑，我们的使命是"热情高效、公正无畏地服务我们选区的人民"。我们所服务的人民处于首位。但是，当我们有权分配资源的时候，我们努力按优先次序来分配。

无法避免的情况——有些是积极的，有些是消极的——总会使你不受控地被拉往各个方向。考虑到领导的工作范围，在范围内坚持促进效率的一贯步骤很关键，这些范围涉及：参与你所服务人民的双向沟通，设立反映人民需求和愿望的优先事项，向整个团队清晰表达优先事项，创建一个行动计划。

"推力因素"。你要用多大的力量去推动你的优先事项？你有多勇敢、多果断呢？我想说，在我推进的三件优先事项中的第一件——原住民事务上，我很努力地"推动"了；在第二件优先事项——国家安全上一样"推动"了，尽管它的程度要弱一些；但在参议院改革上，我的确没有热情或有效地推动过。

作为一名后座的资浅国会议员，我在国家事务上的行动范围有限。我成功地将时间和精力专注在原住民事务上。当我所服务的政府决定推动一项涵盖我所在选区人民的原住民条约时，时机终于来了。

就国家安全问题而言，我的贡献在于促进与中国大陆及台湾地区稳定的关系，以及帮助海外被囚加拿大人，他们之中有些人的故事我曾在"自由"一章中叙述过。

在我初次竞选公职时设定的三件优先事项中，参议院改革做的最少。我所代表选区的人民对此很认真。尼尔·麦基弗（Neil McIvor）和已故的玛戈特·桑迪森（Margot Sandison）就该主题领导了一个委员会并发布了一篇报道。我从事过卑诗省及魁北克省政府的宪法事务方面的工作，在这个领域有些背景，并且想方设法利用这些背景促进参议院改革。我将我的关注传达给总理办公室和在我任期内担任民主改革部三位部长的斯蒂芬·弗莱彻（Stephen Fletcher）、蒂姆·乌帕（Tim Uppal）和皮埃尔·博利威尔（Pierre Poilievre）。我和他们都处得很好，但从未获得机会在该事务上扮演过重要角色。他们有自己的优先事项，另外还有许多人给他们提建议。

总而言之，三件优先事项中，我仅在其中两件上取得实质进展。考虑到外部因素，我认为我已经尽了最大的努力。一个领导若是由于存在那些不可抗、超过能力范围、不受控被"拉离"的因素而无法达成自己的目标，那犹可原谅，但如果领导没有规划出优先事项，没有努力地"推动"自己，那么此时领导者就不能宽恕自己了。

排除干扰

拉力因素值得进一步分析。屈服于干扰会降低效率。领导者必须清楚自己的长期方向和优先事项。因为我们的团队明确优先事项，我们才能够做出更好、更集中的决策。我们知道自己应该做什么，而且我们能够对与我们选民无关的事件和活动说"不"。事实如此，我们通常不会去管选区之外人的事，除非事关我们想在国会推动的事项。我也拒绝了国会山旋风般的饭局诱惑。我的幕僚若要提议我去参加某个饭局，他必须先说明它与我们的优先事项或选民有什么关系。

就我们的优先事项进程来说，某些经常性的事务会导致莫大的时间浪费。比如答问时间（Question Period，QP）——这是一项强制出席的众议院日常活动。党鞭的工作人员负责考勤，记录缺席名单。这意味着每周四个多小时的浪费。答问时间以不同党派的国会议员间戏剧性的争吵而闻名。通常，反对派成员向总理和部长们提问。我并非部长，所以鲜少有问题要回答或者发表声明。对我来说，答问时间的激烈争论就是演一场戏。我们整个团队明白，我待在那儿还有其他原因。于是我们把本来浪费时间的事情转换成更有用的事情。

我们把答问时间分解成三个与追求我们优先事项有关的功能。第一，我们对党鞭和总理办公室明确表示，我会争取在议院里每个可能发言的机会。这是将我们的优先事项和选民需求宣扬出去的机会。我确保每周在议院至少发言一到两次。第二，答问时间是一个处理信件的好时机。我的部属会为我准备好收到的信件及电子邮件，同时我也会得到预拟的回复。答问时间对我来说也是一个在部属准备工作的基础上，完结工作的好机会。第三，答问时间是联系部长的理想时机。在任何组织中，能接近决策者都是极其可贵的。在政府中，部长们制定决策，进而影响到你的"顾客"（你的选民）。我发现能在答问时间随意接近任何部长，于是我去参加时会带上给部长们的信息和问题。无论是直接交谈还是交换信息，我在答问时间里所完成的事比我国会生涯中的其他时间段更多。

委员会会议是另一宗经常性的事务，它也提供了完成任务的机会。在每次两小时的会议期间，只有一小部分需要我全神贯注。剩下的时间里，我不必浪费精力去关注委员会的议事程序，我可以把精力花在通信上。

大部分时间，我只是委员会的 11 个成员之一，依照简单的算法，我的发言时间不到会议的 1/10，所以轮到我提问的时候，我会专注于议题中与政府的议程和我所代表的人民的利益有关的问题。有时我还会把会议交流的重要阶段性成果寄给关注的选民。我尽力将委员会会议"拉"回我的目标。重点是，如果这些会议时间的内容都与我的目标或我的选民无关，那我究竟是在做什么呢？

当我没有直接参与委员会会议时，我需要处理信件或者报纸文章。如果有一刻不在向自己的目标奋进，那我就是"被分心"了。虽然出席活动是强制性的，但我不必从头到尾聚精会神地聆听所有讲话，我可以利用这段时间做别的事。

很重要的一点是，你要知道自己在什么时候最容易"被分心"，把这些时间转化成追求目标的好机会，这不是说要你去一心多用，是要你去检视你的所作所为。挑出哪些是与你的优先事项有关的，哪些是无关的干扰因素。把干扰的因素剔除掉，把心专注在有用的事上。

优化奔波时间

在这个时代，旅途奔波会消耗越来越多的时间。当他人知道我经常要来回 5 小时全程 3500 千米地通勤，通常会表示同情。但正如将问答时间和委员会会议转换成高效的工作时间，我们也可以将通勤时间转换成高效的工作时间段。

我们所做的其中一件事是解决如何在飞行时处理邮件的问题。跟大家一样，对我来说，回复邮件是一项大挑战。众议院安全措施禁止我离线访问邮箱，而航空公司仅在近期才开放了无线网络。于是我就不断劳烦国会山的通信部门，费了一番唇舌之后，我终于说服他们，在飞行时登录自己的邮箱不会对国家安全构成威胁。在其他乘客看电影的时候，我能处理上百件电邮。一旦恢复联网，我的办公室同仁就会收到我洪水般泛滥的回复邮件。虽然这对他们来说这并非美妙时刻，但这项措施在我日程的其他低效时间内极大地提高了我们团队的效率。

顺便一提，极大化利用旅途时间并不意味着要乘坐商务舱，我决定自己做榜样，固定搭乘经济舱。加拿大航空公司不时会将我升级到商务舱。可以确定的是每次在飞行时我可以处理多少工作，而不一定是有商务舱座位的享受。我倾向于申请经济舱靠出口那排的座位或者有隔板的座位，不仅有我伸腿的空间，还可以存放我的装备以便我展开工作。而且每年我还能为我的老板（加拿大人民）省下许多钱。

另一个建议——最有效利用旅途时间的方法或许是尽量减少旅行，对非必要的旅行说"不"，能为你节约多少时间啊！

该退则退

最有效的致富方法之一是明智地购买房地产，尤其是你的主要居所。至少在加拿大，这项投资的资本收益是免税的。你对投资房地产位置的选择和前期价格的协商，将在很大程度上影响投资的收益。

同样地，你如何分配时间会对优先事项的推进产生巨大影响。一句简单的"不"，比什么都更能让你明白哪件才是最重要的事情。你应该时常练习说"不"。一句坚定而礼貌的"不"助你信守承诺。专注，专注，专注——帮助你赢得比赛。

能够帮助你说"不"的人包括你的另一半、朋友，还有办公室同仁。我不擅于说"不"，因此对这三者都倚赖良多。可喜的是同仁们都了解我的个性。他们也能意识到他们部分工作就是随时拦住我。否则，我各种各样的兴趣会导致我在形形色色的、没把握的事情上做出承诺。

我到加—墨小组任职的目标非常明确。其间，我发表了一份关于加拿大人在墨西哥监狱待遇的声明，比如帕维尔·库利塞克一案（在"自由"一章中讨论过）；并且我还努力让墨西哥人更容易获得加拿大签证、支援墨西哥独立的警察机关和司法部门的专业化努力，促进墨西哥人到加拿大旅游。任职 18 个月期间，接待了一个来自墨西哥的代表团，作为回应，我出席了墨西哥总统恩里克·培尼亚·涅托（Enrique Peña Nieto）的就职典礼。之后我辞职了，并为接替我的安大略省议员伯纳德·特罗蒂埃（Bernard Trottier）铺平了道路。与我不同的是，伯纳德会讲西班牙语，从长远来看，他更适合这个角色。从感情上，我想继续领导加—墨小组。但实际上，是时候该动了，于是我退出了那个角色。

利用科技

电子日历是管理优先事项的最好工具，也是一个管理承诺的一站式商店。确保你优先考虑个人承诺，因为关机时间对充电来说至关重要。为自己定期预留时间，就我而言，包括祈祷和通信。你的日历能提供所有活动的预告，让你有时间准备演讲、旅行或休息。如果日历只标注了会议日程而忽略准备阶段与其他"旁务"，必然会令使用人失望不满。

电子日历也可以作为决策的支点。若想确保找到对的人参与重要活动的准备与执行，电子日历可比电邮有效得多。仔细考虑下面的问题。你的回答将有助于评估你的专注程度、管理优先事项的效率，以及你团队的效率。

（1）你是独自使用电子日历做计划，还是和团队一起规划？

（2）谁能访问你的日历？

（3）你从哪里接收和保留相关的信息？

（4）你的电子日历是一种决策工具吗？

（5）你是否按优先程度在日历中编写序号？

作为国会"菜鸟"，我开始时无论是在处理信息收集系统、决策过程或资讯管理方面都很糟糕。我当时还没有做好准备面对来自选区的 13 万人民、所接触的官员以及利益相关者的雪片般的资料。就各项活动的管理而言，最初我们模仿其他国会议员的做法，依赖职员之间的电子邮件来加强相关信息的获取。但由于信息分散在不同的电脑和纸件系统中，由不同的人管理，接二连三发生寻找缺失信息的事件。我们手头上很少有完整的信息。即使能收集到完整的信息，我们也对信息系统失去了信心。也许在某封邮件里有某些重要内容，我们忘记了，忽略了，真相究竟如何，我们可能永远都不会知道。

一位这方面的专家，也是我的朋友，格雷格·达斯金（Greg Duskin）伸出援手，帮助我们整理了这些分散的信息。格雷格曾就职于微软，并且帮助多达数百人的团队开发 IT 系统。他其中的一个项目是整合来自美国各地参与集体诉讼的大量医生的信息。格雷格知道如何以一种统一有效的方式整合多人努力，他为我们开发了一个连贯有效的系统。基于这套新思路，格雷格改变了我们整理信息与决策的方式，大大提高了议员办公室办事的效率。除此之外，他整理了我们决策与共享信息的方式，把它们从电子邮件转向 Outlook 日历这一工具上。这些举措得以让我们将关键事件与决策相关信息标注在日历的注释部分，而非依赖可能被忽视的电子邮件，任何需要查询相关信息或决策

的人，都可以在同一个地方找到所有相关的事实、交流与信息。

此外，格雷格提出一项彩色编码格式，在日历所有标红处，我都需要做出决定或者给予反馈。我保证至少每天都检查"标红事件"，因此我的部属可以期望很快从我这儿得到答复。毕竟，和许多执行总裁一样，我常常是我们团队行动的总决策者。故此，格雷格提出的一个关键变革是：我的日历可以被所有团队成员——而不仅仅是我的执行助理——共享，并且所有人都有权对我的日程进行某些类型的更改。这种做法统一、整合了我们所有人的努力，但是需要我信任部属查阅我的日程表。于我而言，牺牲隐私来提高效率是值得的。电子邮件仍然是我们生活的重要组成部分，但在我们办公室，原则上是"除非万不得已，必要时才用邮件"。

有效地管理团队

图书馆里到处都是有效管理团队的书籍。而我只关注一个关键要素，那就是确保团队成员能接触到领导者。在许多组织中，领导是遥不可及的，这意味着领导者丧失了观察前线的权利。当部属的诉求无法得到回应时，其信心就会削弱，这时领导者就错过了提高团队能力的最佳机会。

经常与部属近距离接触对彼此都有好处。我从中不断得到许多好建议，因为现在他们不但要认真看待自己的表现，也要为我的表现负责。记得有一次，我准备第二天在北温哥华给加拿大皇家退伍军人协会（Royal Canadian Legion）演讲，为了补充修改演讲稿，我向助手征求了建议。第二天早晨，我收到一份主动提供的、条理分明的 PowerPoint 演示文稿。我差点错过了让部属表现的机会！我不知道以往我错过了多少次让部属和我一起发光的机会！

你可以通过多种方式创建沟通的途径。每周的团队会议，无论是面对面还是电话会议，都可以提供有价值的交流反馈；一种好的惯例是领导者与核心干部之间"一对一"的谈话。如果定期组织交流，你的核心干部就可以自信地对工作保持询问和观察，并确信有机会和大家一起来讨论这些问题。也可以预防他长时间陷入挫折感，必要时，为每个人提供"吐槽"的机会。如果能让对方来设定议程，一对一的会面尤其有效。会谈的内容可能集中于团队效率或者个人事业发展，两者对团队的长期健康发展和表现都很重要。

即使在家庭中，像这样定期的会谈也是很重要的。许多家庭几个月都没有团聚过，特别是有十几岁孩子的年轻家庭。以我为例，我们的三个孩子在三个不同的城市上学，所以我们以周日晚上家庭通话的方式，确保每人一周至少有一次和其他家庭成员通话的机会。

消除重叠

在组织中，最令人头疼的是职责重叠。当我们没有明确划分共同的责任与义务时，可能会产生两种消极的结果。第一，可能两个人都没有处理重要任务，我们都以为对方会去做，结果这个重要任务就没能完成。第二，当两个人分别采取行动时，更微妙的问题就产生了，可能出现重复的努力，更糟的是两人

之间可能产生冲突。

在 1979 年、1980 年和 1981 年的夏天，我在为卑诗省政府的宪法事务部门工作时，就看到了因权力重叠带来的问题。在那段时期，有部分时间，两位副部长，吉姆·马特金（Jim Matkin）和已故的梅尔·史密斯（Mel Smith），共同负责宪法事务。他们两位都是了不起的人——正直、聪明、勤勉、备受尊敬，但是比尔·班尼特（Bill Bennett）总理给吉姆和梅尔做了不恰当的职责分配，导致他们产生冲突，尽管冲突从未失控过，但产生冲突是不必要的，也是不明智的。

同样地，作为国会议员，我的选民涵盖西温哥华所有人与毗邻的北温哥华地区大约 1 万人，这 1 万人的选区与北温哥华国会议员安德鲁·萨克斯顿（Andrew Saxton）的选区产生了潜在的重叠。有些时候，我们两人都参与了北温哥华人民的活动，我敢肯定，还有一些时候，我们两人都没有处理某些事情，认为对方会负责。

提前计划

领导者往往肩负许多责任，也知道自己常常处于匆忙之中，于是这种矛盾点就激发了一种"延缓模式"。对一些人来说，这种模式象征身份的一部分——例如迟到显示了你有多重要，以及你比其他人更加繁忙，然而这样的态度是傲慢又固执的。

提前到达活动场地，能让你更加放松，做好充分准备，留意周围的人与环境，使接下来的工作更有效率，也能给予你能量，帮助你遵守计划，减少错误的发生。举个简单的例子：在前一晚整理好你的服装、文件及各类配件，尤其是当你需要在同一天身着不同服装出席不同活动时，这一做法是必不可少的。骑自行车通勤的人都知道这点，他们需要自行车的照明、骑行服、正装、旅行洗漱包、一条毛巾以及所有和工作相关的文件和设备。这可能意味着提前一周考虑并开车把必需品都带去办公室，避免要靠自行车运送。骑行还有另外一个好处——可以培养自身良好的统筹能力。

再举一个例子——公众演讲。要讲得好，你需要时间提前准备。那样你才能够去研究、写作和实践。你对所要演讲的话题越陌生，需准备的时间就越多。在面对公众的生涯中，令我意想不到的是，平淡无奇的议员们的演讲水平竟然成了常态。因为，公众对这类演讲的期待性比较低，总理办公室或者部长们习惯于临时通知国会议员做公共演讲，这意味着议员的演讲稿是由其他人准备的，而国会议员只能逐字逐句地读所提供的讲稿。可想而知，如此一来演讲者所讲的话缺乏可信度，演讲过程也缺乏活力，对观众也缺乏尊重。

在我的经验中，最好的讲演都是在不拘泥于讲稿的状况下产生的。照本宣科的讲者仿佛与讲稿的关系比听众更密切——谁又知道是谁准备的讲稿呢？是演讲者自己还是其他人？然而真诚总是站在准备充分的演讲者这一边的，他们发言不带讲稿，或者至少不照讲稿逐字宣读，而是以一种自然的、自由通畅的方式与听众联系。如果你和我一样，那么当你准备最充分时，你的公开演讲就会显得最自然。

我回想起有一次，受邀到卑诗省的斯夸米什，宣布一项废品回收系统公共资金到位。由于我很早就收到了邀请，我搜集并尽力记住有关斯夸米什及其居民的信息，以及它在保护环境实践方面的贡献，这使我在演讲时能够畅所欲言。就在我到达废品处理场，站在斯夸米什市长的旁边时，突然下起了雨，如果我要依赖讲稿的话，就非得很费力地去面对已经钉好却潮湿的纸稿、没有讲台，以及烦躁不安的听众。相反地，我能很自然地指出项目的突出方面，称赞听众对环境保护的承诺，并且及时让人们躲雨。结论是：有准备就会从容不迫，讲词越短，大家越放心。

如果你要用第二或第三语言演讲，就更需要提前准备了。在这种情况下，一定要有充足的准备时间。一旦你用母语准备好了演讲稿，紧接着需要努力翻译、练习、转换语言以符合你的意思与能力，然后再加上更多更充分的练习。理想情况下，找一个说母语的人跟你一起练习。我经常同办公室同仁强调，我需要更多额外时间来准备第二语言的演讲。他们知道我可以对付，但是我们还是要拼命挤出时间来练习。

在 2015 年的竞选期间，我受邀参加温哥华的中文广播电台 Fairchild 的普通话采访。一开始，我就准备了我想说的话，两位志愿者和我尽量减少使用英语，这样对译者来说更轻松些。然后我们把文本传给翻译志愿者，他们把它翻译成中文，首先翻译成汉字，方便中文阅读能力强的人理解，然后翻译成"拼音"，这时西方人不用读中文就能读出汉字意思。可是我们没有提前预估或者做出最佳的实践，低估了这次采访的复杂性，以致一切都显得很匆忙，听众人数庞大，我们压力飙升。我的中国朋友庄林淑惠（Audra Chuang）和顾彬（Bin Gu）与我一起工作了 6 个小时，没等全部完成，我们就上车出发。由于低估了到达目的地的行程时间，我们在播出时间前 5 分钟才到达，祈祷一下，然后冲进演播室，采访进行得比我们预期的还要好。然而，由于没有做好计划，这次经历比预期的情况紧张得多，差一点就变成一次失败。

结语

奋进的人拥有决心。相比之下，如今许多人是被驱使着往前，却不知道自己将要往哪里去。决心不足的人无法设定优先事项、制订计划和很好地管理他们的人员或者衡量自己的成果，也无法有效处理他们服务对象的重要事情。时代的发展促进了信息的大量涌现，却削弱了支撑决心的良好纪律，就像花园里的杂草一样，无序的生长会淹没土地的生产力。

"永远不要只是出去看发生了什么，而是要去做点什么。"波士顿凯尔特人队传奇球星比尔·拉塞尔（Bill Russell）在波士顿市政厅（Boston City Hall）外的一座雕像底座上刻下了这句话，以纪念他坚定的"决心"。要想"让某件事发生"，你必须明确工作的目标和优先次序，对你所服务的对象明确地传递这些目标与优先事项，推进进程强化优势，不断寻找方法审视与考核进程。冲动地说"是"很容易取悦别人，只有当"是"比"不是"更好的时候，"是"才是一个好答案。在"是"与"不是"之间做决定，需要对优先事项与目标的严格追踪。当你作出承诺后，就好好表现，完成任务，然后尽快拍拍屁股走人，否则，就像莎士比亚（Shakespeare）说的，你会"充满喧哗和愤怒，却没有任何意义"。是的，奋进需要决心！

Postscript | **后记**

　　在你沉思如何应用本书所围绕的八种价值观之前，再多问自己一个问题：我们正处于一个新时代的开端吗？回顾过去一两年世界上主要的政治趋势，都由人们不想要什么而驱动。在澳大利亚，我们目睹一位保守派总理被自己的党团拉下马；相似的情况也曾在韩国发生；在欧洲，英国选民投票选择离开欧盟；在美国，政界人士们争相比谁更不讨人厌，结果历史上最招人讨厌的人入驻了白宫；在加拿大，大批选民投票把斯蒂芬·哈珀赶下了台，人们是不是已经厌恶到了极点？我们是否能从近期事件的曲折中汲取教训？我认为在公众评论之下似乎潜伏着某种强烈的渴求。这种渴求聚集在我们本能认为好的事物的周围，我们想要庆祝什么，想要守住什么。或许你认为这种面对生活的态度过于乐观了？我承认我就是这么想的，人们为什么不选择希望呢？

　　这八种强大的价值观可以赋能你们激发"奋进"。"正直心"、"责任感"、"同理心"、"勇气"、"自由"、"平等"、"健康"和"决心"并不是什么新鲜事物。新鲜的是我们如何重新审视对它们

的需求。令人惊讶的是，学校必须开展"身体素质"教育——投球、踢球、跑步、跳跃和旋转的艺术——但是却忽视了21世纪的社会形态已经缺失了很多过去习以为常、自然的东西。年轻人需要重新学习过去在沙盒里学到的东西。他们需要学会如何"玩耍"，如何与自己以及他人相处。传统的卓越价值观已经过时了，我们需要为它注入新的时代内涵。

在刚过去的一年，也正是我生命中最美好的一年里，我学到了很多关于这些价值观的理念。这一年始于一场深深的沮丧——选举的失败意味着一项使命的终结。但它也让我停下来反思阻碍我们奋进的性格挑战，比如在企业、社区、政治、家庭和其他圈子里阻碍领导力形成的障碍。无论从个人还是专业的角度，我们都需要来一个生命中最美好的一年。作为个体，我们通常过于疲惫和忙碌，以至于无法思考我们究竟是谁，以及我们真正想成为什么样的人。

我们这个社会需要停下来深呼吸。我们必须从那些支配着我们生活的疯狂脚步中后退一步，审视我们正在做的事情和可能带来的长期影响。去观察是什么把我们击倒，这是一个好的开始。这些阻碍个人成就的障碍也会削弱有效的领导力。它们有各种各样令人熟悉的名字，如傲慢、懒惰、贪婪、色欲、嫉妒、暴怒和暴食。古希腊哲学家圣·奥古斯汀（St. Augustine）称之为"七宗罪"。其他人则使用临床心理学和神经学的语言：自恋、情绪不成熟、行为障碍、慢性成瘾。无论你怎么称呼，它们都是人类本性中固有的部分。你可以把它们视为灵魂的阴暗面，也可以把它们看作是可以通过勤奋地应用激发价值观来克服的挑战。现在是时候开启你人生中最美好的一年了。首先认清对你来说哪些是最有意义的价值观，看看它们会把你指引向何方。让我们回顾一下列表吧。

如果你必须且只能选择一个价值观来确保自己是奋进的，"正直心"可以是首选。正直是我们在工作、家庭和私人生活中所有行为的组织准则，特别是在私人生活中。正直心意指慎独。你需要坦诚地面对自己。别担心，我们都在穷尽毕生追寻这个答案。如果人们相信你具有正直心，他们绝对更有可能被你影响。只有赢得家人、朋友和同事的信任，你才更有希望带领他们创造更好的生活。用正直心武装自己，有助于你肩负起其他价值观带来的负担与成本。

与"正直心"密切相关的是"责任感"。那些处于奋进状态的人，目光所及是他人，而不只有自己。我们都有责任守护别人托付给我们的福祉。这里所指的"别人"不仅包括我们永远不会认识的人，比如我们国家的建造者，也包括我们的父母、老师和教练。"福祉"则包括以下内容：许多人为之战斗和牺牲换来的自由；优良的水源，新鲜的空气和其他我们赖以生存的自然资源；和平安全的社区，优质教育和医疗保健。

如果你胸怀"同理心"，那么你更容易成为一个负责的人。这对那些大半生经历过残酷和苦难的人、那些视逆来顺受为软弱的人来说是个挑战。同理心使人们团结一体，建立信任，放慢自我节奏，促进我们关注与体会周围人的需求。而当人们习惯互相关心时，人们会不自觉地磨去野心和贪婪的锋芒，这进一步扩大了社群生活的价值。同理心常伴奋进的人们左右，为稳定的、和平的、有序的社会提供可持续的解决措施。

"勇气"是开战前的心理准备。有领导力的人能唤起他人勇

敢无畏的胆量，助他们攻克难关。勇气帮助你应对疾病，阐明立场，奋力成为中流砥柱。奋进的人都是勇敢的人。与缺乏勇气的人相比，我们更欣赏有勇气的人。许多企业被那些拒绝面对真相却自称为领导者的人以及害怕以真相面对老板的软弱员工搞垮了。同样的道理也适用于那些在选民和公众面前畏缩不前的政治人物和圣职人员，而实际上他们需要的是诚实。勇气有时意指在波涛汹涌的大海中坚持到底，有时意指要冒无人尝试过的风险。无论哪种方式，和有勇气的人在一起会帮助你抵挡走人生捷径的诱惑。无论勇气来自自我鼓励，还是公开激励，它都会使你化铁为钢，直面那些令人瘫痪的挑战，让你持续奋进。

压迫唤起了人们的"勇气"、"同理心"和其他价值观，也为我们提供了为"自由"而战的机会，无论是我们自己的自由还是他人的自由。当我们享受自由这份礼物的时候，我们极易忽视它，也几乎意识不到别人为了让我们享受自由而做出的牺牲。为他人的自由而战是你所能进行的最有价值的战斗之一。意识到自己享有自由的特权是在为这场战斗的准备中达到奋进的最佳方式。欣赏和热爱自由意味着将"他人"纳入你对自由的定义中。在议员办公室里，那份承诺我们"不存畏惧与偏袒之心"为人民服务的宗旨宣言，绝非陈词滥调。处于奋进的人们明白，它存在某种意义，因为对任何一个人的压制都会损害所有人的自由。启蒙运动创造了一种以"我"为中心的思想，这种思想在数字时代只能让个体意识逐渐膨胀。而令人振奋的是，人们克服了这一点，从"我"变成了"我们"！

对于我们这些在加拿大、美国和其他西方国家的人来说，"平等"是一个艰难的话题。在加拿大，我们的《权利和自由宪章》（Charter of Rights and Freedoms）保障了"每个人"的基本自由。通过《美国独立宣言》（American Declaration of Independence），托马斯·杰斐逊（Thomas Jefferson）等人宣称"不言而喻……人人生而平等"。加拿大人和美国人，无论男女，都有很多值得骄傲的地方，他们致力于帮助弱势群体和被边缘化的人、受迫害的人、被错误监禁的人、老年人、年轻人、残疾人——他们中的许多人应该感激自己能生活在一个给他们更好机会的社会与时代中。但与此同时，平等也让某些群体落后。加拿大原住民与其他人之间的不平等显然是最需要解决的问题。加拿大人等待解决这种不平等的时间越长，和平、秩序与良政所面临的危险就越大。奋进的人就是那些敢于追求平等的人，他们理应获得我们的支持。或许，你就是其中之一。

　　"健康"仅在古代哲学家价值论的思辨中以一种轻描淡写的方式出现过。即使如此，他们也谈到了身体、思想和灵魂之间的联系。随着科技对人类的影响日趋增大，健康也越来越重要了。不管你对"正直心"、"勇气"、"平等"和其他价值观有多坚持，奋进的人们都会考虑到健康状况，并为实现其他价值观积聚必要的能量和动力。将健康融入日常生活，提高生活质量，同时成为身边人有影响力的榜样。这就是奋进！

　　"决心"是其他七种价值观同父异母的姐妹，其在本质上与它们相异，但是它对奋进之人的成功是不可或缺的。如果其他价值观是骨骼，那么"决心"就是将它们联结在一起的肌腱。就像"健康"一样，"决心"在现代科技的笼罩下变得更加重要。现代社会结构中强大而充满诱惑的干扰，削弱了我们培养良好价值观的能力。科技以一项项的"投入"冲击着我们，扰

乱人际之间的关系，分散我们的注意力，蚕食我们的价值观。曾几何时，领导力与决心还是同义词；如今，领导者注意力不集中似乎已司空见惯。你必须比以往任何时候更加明确你的使命，确定你的价值观，设定你的优先任务，组织你的目标，积极地追求进程能让你完成这些事情。决心的大小将决定你其他价值观的生命力。继续奋进，你下定决心的程度将反映出你追求成功的卓越程度。

本书始于一个人的呐喊，一个孤注一掷的请求，从根深蒂固且悲观的失败主义中来拯救领导力。我们如何才能通过一些充满希望、充满活力、富有成效甚至是辉煌的东西，来取代对领导力的悲观论调？只有"奋进"！经过一年的反思，我认识到将自己的态度调整到起点的重要性。对关键价值的关注让我思考如何最好地自我调整，从而在生活里获得更多的成就，并且为我周围的人带来更大的价值。换句话说，如果我的孩子们问我怎样才能最好地生活，我会说些什么？他们如何能珍视他们所爱的人，超越自我吹嘘为他人服务，放下骄傲，找到灵性呢？答案是——对"正直心"、"责任感"、"同理心"、"勇气"、"自由"、"平等"、"健康"和"决心"的承诺。我把这些价值观推荐给我的孩子们和其他人。这是通往奋进之路！

为了社会的福祉，让我们为树立这些价值观的领袖们祈祷，为追求社会利益而牺牲个人利益的人们祈祷，为谋求人民福祉的人们祈祷。如果这些价值观与你产生共鸣，请思考：它们是如何栖息在你自己的故事中？你打算越过哪些山丘？你在寻求何种成功？你可能会遇到何种失望？这失望会让你却步，还是只会延迟你的成功？我劝你让价值观而非环境来驱动生活。如果你这样做了，你的生活会比以往任何时候都更有成效，也会让身边的人受益更大。

在瞬息万变的时代，花一生的时间来修行这些价值观有助于面对变化，迅速做出决策。专注于价值观的培养使你能够界定成功，取得成功。作为生活的基础，价值观让你能抵御在所难免的挫折，并且为了自己的利益和周围所接触到的人的长久利益而继续前进。

顺便一提，一旦你度过了人生中最美好的一年，那么没有什么能阻止你庆祝比去年更好的一年了。伟大的事业在前方，一切取决于你。

奋进吧！

［1］I Corinthians 6：19.

［2］After much discussion, debate, and research, the Oxford Dictionaries Word of the Year 2016 is post-truth—an adjective defined as "relating to or denoting circumstances in which objective facts are less influential in shaping public opinion than appeals to emotion and personal belief［EB/OL］. https：//en.oxforddictionaries. com/word-of-the-year/word-of-the-year-2016.

［3］Alison Flood, "Post-truth" named word of the year by Oxford Dictionaries, *The Guardian*, Nov. 15, 2016. https：//www. theguardian.com/books/2016/nov/15/post-truth-named-word-of-the-yearby-oxford-dictionaries.

［4］http：//www.accesslaw.ca/about_our_firm_values.php.

［5］http：//www.agreatgamebook.com.

［6］Stephen Maher. Stephen Harper sets an example by slashing his own pension［EB/OL］. http：//o.canada.com/news/national/harper-sets-an-example-by-slashing-his-own-pension

［7］I lost the 2006 election in my riding but carried on as Conservative Nomination Candidate. Soon after the election, I hosted five forums around the riding on the income trusts issue and met headon with irate people who had been let down by Harper's broken promise. Reflecting 200 separate letters I received, I provided a December 13, 2006, written opinion to the late Minister Flaherty suggesting how constituents proposed the Government remedy its concerns while better honouring its election promise. My letter outlined a grandfathering proposal that would have protected the position of people who had acted on the Government's promise. The Government decided instead to "keep it simple" and tax all present and future income trusts alike. That broken promise haunted Harper and his candidates right through 2015.

［8］http：//news.nationalpost.com/news/canada/canadian-politics/liberals-spent-at-least-4-1-millionconsulting-canadians-on-the-electoral-reform-policy-that-would-never-be.

［9］Andrew Nikiforuk. Dismantling of Fishery Library "Like a Book Burning", Say Scientists ［EB/OL］. https：//thetyee.ca/News/2013/12/09/Dismantling-Fishery-Library.

［10］http：//www.vancouversun.com/news/ernment+closes+Vancouver+Kitsilano+coast+guard+station/7987072/story.html.

［11］http：//www.cbc.ca/news/canada/british-columbia/tories-defend-kits-coast-guard-closure-1.1321786.

［12］http：//www.marketwired.com/press-release/minister-shea-announces-fund ing-science-facilitiesmarine-protection-salmon-research−2022630.htm.

［13］ http：//www.newswire.ca/news−releases/harper−government−invests−in−safe−marine−shipping−minister−raitt−announces−funding−for −the −clear −seas −centre −for −responsible −marine −shipping −518038471.html.

［14］ http：//www.conservative.ca/conservatives−announce−new−measures−to−support−coastal−andmarine−safety−in−british−columbia

［15］ For what it's worth, partly as a matter of Integrity, I didn't give up on the maritime response issue, even after the election. I got my Riding Association to endorse a resolution to reinstate the Party's commitment to my Abandoned Vessels bill, along with a commitment to move the Coast Guard out of Fisheries, and back into the Department of Transport, where it belongs. We succeeded in getting this Resolution passed at the Conservatives' National Convention, in Vancouver, in June 2016.

［16］ Furthermore, the analysis behind closing the Coast Guard Station was borne out by what happened. Between the base's closure in 2013 and June 2015, there were over 800 incidents affecting the lives of over 1, 500 persons. In each case, without the Kitsilano base, the Coast Guard responded under the 30−minute international standard and no lives were lost. However, these facts never quelled the critics.

［17］ http：//news.nationalpost.com/news/canada/canadian−politics/liberals −spent −at −least −4 −1 −millionconsulting −canadians −on −the−electoral−reform−policy−that−would−never−be.

［18］ http：//www.history.com/topics/world-war-ii/nuremberg-trials.

［19］ http：//www.history.com/this-day-in-history/my-lai-trial-begins.

［20］ http：//www.cpac.ca/en/programs/primetime-politics/episodes/90003054.

［21］ Romesh Ratnesar. The Menace Within ［EB/OL］. https：//alumni.stanford.edu/get/page/magazine/article/?article_id=40741.

［22］ Devotions upon Emergent Occasions. https：//web.cs.dal.ca/~johnston/poetry/island.html.

［23］ Mishnah Sanhedrin 4：9；Yerushalmi Talmud, Tractate Sanhedrin 37a.

［24］ Proverbs 31.

［25］ http：//www.politifact.com/truth-o-meter/statements/2016/oct/20/donald-trump/donald-trump-sayshillary-clinton-wrong-say-he-moc.

［26］ http：//www.usatoday.com/story/news/world/2017/02/02/what-us-australia-refugee-deal-trumptrashed-all/97396926/.

［27］ Luke 10：25-37.

［28］ Ibid.

［29］ https：//en.wikipedia.org/wiki/State_funerals_in_Canada.

［30］ http：//www.cra-arc.gc.ca/rdsp.

［31］ Gordon McIntyre. We are Canadians，we're proud of who we are ［EB/OL］. https：//www.pressreader.com.

［32］ Centre for Addiction and Mental Health，http：//www.

camh.ca/en/hospital/about_camh/newsroom/for_reporters/Pages/addic-tionmentalhealth.

［33］ Among other things, I worked with MP David Wilks to introduce a motion to create Addiction Recovery Week. https：// openparliament.ca/debates/2015/5/7/david－wilks－1.

［34］ https：//openparliament.ca/bills/41－2/C－692.

［35］ Ruth Alexander. Are There Really 100000 New Christian Martyrs every Year?［EB/OL］. Nov. 12，2013. http：//www.bbc.com/ news/magazine－24864587.

［36］ http：//www.onefreeworldinternational.org/about－us/founders/.

［37］ http：//malaysiandigest.com/features/555150－10－countries－with－the－largest－muslim－population－inthe－world.html.

［38］ This concern was at the root of many who disliked Motion 103，debated in 2017 in the House of Commons. While no one wants to see racism in Canada，we have to guard against rules that make it a criminal offence to disagree with someone else's religion. We have to guard our freedom of expression.

［39］ I was proud of my colleague Jason Kenney，Minister of Immigration and Multiculturalism. A stout defender of human rights, he braved the security risks to attend Minister Bhatti's funeral. In fact，he positioned himself close to the casket in an unabashed display of solidarity.

［40］ For some of his more recent activity，see：http：//news. nationalpost.com/news/world/when－isilcame－to－town－yazidis－tell－of－child－murders－and－meat－markets－for－sex－slaves.

[41] http：//www.onefreeworldinternational.org/launch −of −the −raoul −wallenberg −citation −for −moralcourage −in −the −face −of −anti −semitism.

[42] http：//www.lop.parl.gc.ca/ParlInfo/Compilations/Federal−Government/MinisterialResignations.aspx.

[43] https：//www.thestar.com/news/canada/2015/06/22/michael −chongs −reform −act −passed −bysenate.html. The bill required each Party to consider：whether MPs have the power to elect and eject their caucus chairpeople；whether MPs have the power to suspend and reinstate colleagues via secret ballot; whether MPs have the pow−er to trigger a secret ballot leadership review after 20 per cent of them request one；and whether MPs have the power to elect interim leaders.

[44] Chong had to water down the bill. Instead of the bill ap−plying automatically，each Party Caucus is required to vote to apply its provisions. In November 2015，when the three National Caucuses convened，only the Conservatives voted to apply the provisions of the bill，and only the first two，at that. Chong's decision to water down the bill was the only way he could get it to pass the House. He is not finished yet. I'm pleased to have supported him and hope that more parliamentarians will do so. It's ironic that both the NDP and Liberal parties，which loudly denounced the level of control in the hands of the country's leader，voted against applying the provisions of the *Reform Act* to themselves and only the Conservatives adopted some of its provisions.

［45］ I was also impressed by the human rights work of other outspoken MPs, such as Conservatives David Sweet（Flamborough Glanbrook）, long-time member of the Sub-Committee on Human Rights and now Conservative Caucus Chair; Scott Reid（Lanark Frontenac Kingston）; Minister Jason Kenney（Calgary Midnapore）; and Stephen Woodworth（Kitchener Centre, 2008-2015）. From the Opposition benches of the time, Liberals MP Irwin Cotler（then, the MP for Mount Royal; former Minister of Justice and Attorney General for Canada and a professor of law at McGill, Harvard, and Yale）and Mario Silva（Davenport）, and NDP MP Paul Dewar （Ottawa Centre） stood out as principled champions of human rights.

［46］ From "Sergeant Ernest Alvia 'Smokey' Smith, VC," Library and Archives Canada Blog. https://thediscoverblog.com/ 2014/10/21/sergeant-ernest-alvia-smokey-smith-v-c/.

［47］ For an unauthorized, anonymous, and colourful account, look at "The Badass of the Week: Ernest A. Smith". http://www. badassoftheweek.com/ernestsmith.html.

［48］ "Written in 1955 by the then junior senator from the state of Massachusetts, John F. Kennedy's *Profiles in Courage* served as a clarion call to every American. The inspiring true accounts of eight unsung heroic acts by American patriots at different junctures in our nation's history, Kennedy's book became required reading, an instant classic, and was awarded the Pulitzer Prize." https://www. amazon.ca/Profiles-Courage-John-F-Kennedy/dp/0060854936.

［49］ Mark Milke. *Incomplete, Illiberal and Expensive: A Re-*

view of 15 Years of Treaty Negotiations in British Columbia and Pro-
posals for Reform. Fraser Institute, 2008 (7): 72.

[50] Dean Unger. Weston speaks against treaty; Calls the word-
ing a challenge to equality[J]. *Powell River Peak*, 2014 (3): 31.

[51] http: //www.journal.forces.gc.ca/vo5/no1/ot-fo-eng.asp.

[52] Australian Government, The Thai-Burma Railway and
Hellfire Pass.http: //hellfirepass. commemoration.gov.au/building -
hellfire-pass.

[53] Telegraph Reporters. What is Wahhabism? The reactionary
branch of Islam said to be "the main source of global terrorism" [J].
The Telegraph, 2016 (3): 29.

http: //www.telegraph.co.uk/news/2016/03/29/what-is-wahhabism-
the-reactionary-branch-ofislam-said-to-be-the.

[54] Francine Kopun, "William Sampson dies, nine years af-
ter release from Saudi prison". *The Star*, https: //www.thestar.com/
news/insight/2012/04/01/william_sampson_dies_nine_years_after_re-
lease_from_saudi_prison.

[55] We advocated with the Ministers for help in liberating
Giesbrecht; for women's rights; and for the rights of minorities in
Pakistan, where human trafficking abounded and where authorities
were using Sharia law to oppress Christians and other minority groups.

[56] The others we met were Makhdoom Shah Mahmood Hus-
sain Qureshi, then Minister of Foreign Affairs, and Syed Mumtaz
Alam Gillani, then Minister of Human Rights, and the Minister who
was most committed to assist, Shahbaz Bhatti, Pakistan's first

Federal Minister for Minorities.

［57］ http：//www.cbc.ca/news/canada/british ‒columbia/b ‒c ‒ woman‒abducted‒in‒pakistan‒believed‒dead‒1.981373.

［58］ http：//www.cbc.ca/firsthand/episodes/the ‒woman ‒who ‒ joined‒the‒taliban. My two quotes are in the 38th minute and near the end. The documentary fails to describe the extent of my efforts, focusing more on an implied lack of Federal Government commitment to save Ms. Giesbrecht.

［59］ My wife, Donna, performed as Diane Ablonczy's unofficial Chinese translator on a trip to China. Donna had the chance to advocate for Pavel there.

［60］ See also my piece "Opinion: Careful strategies are needed when helping Canadians incarcerated abroad," *The Vancouver Sun*, Aug. 19, 2016, http：//vancouversun.com/opinion/columnists/ carefulstrategies‒are‒needed‒when‒helping‒canadians‒incarcerated‒ abroad and "Foreign Jails: Advice on How to Get Out," *National Post*, Aug. 9, 2003. http：//www.angelfire.com/mi2/aicap/foreign.jails. html.

［61］ What follows is an adapted version of an article published in August 2016 in The Vancouver Sun.

［62］ John 8: 1‒11.

［63］ Matthew 9: 9‒13.

［64］ Mark 1: 40‒45.

［65］ Brown v. Board of Education of Topeka, 347 U.S. 483 (1954).

［66］ At the time of the Treaty, the Nisga'a people numbered 5, 500, of whom 2, 000 lived on their ancestral lands in north-western B.C., near the Alaska Panhandle. They received $453 million in funds pursuant to the terms of the 700-page Treaty.

［67］ Proverbs 27: 17.

［68］ The $2 billion offer was accepted by Grand Chief Shaun Atleo of the Assembly of First Nations, but Atleo was unable to get the support of the AFN, and chose to resign shortly thereafter. Harper left the offer of funds for education on the table, though it was never taken up.

［69］ Indigenous and Northern Affairs Canada. http: //www.aadncaandc. gc.ca/eng/1100100030580/1100100030581.

［70］ http: //pm.gc.ca/eng/minister-indigenous-and-northern-affairs-mandate-letter.

［71］ https: //theccf.ca.

［72］ http: //www.nancygreene.com.

［73］ At a gathering we called the National Health and Fitness Summit, in 2015, we assembled the people we'd met in the course of promoting NHFD to share information about the things we were learning. The turnout was astounding and the cooperation we enjoyed with the Public Health Agency of Canada augured well for our ability to leverage the benefits we are promoting for the country. Leaders such as the heads of Particip action, Physical and Health Education Canada, and the President of Adidas Group Canada were among the over 50 heavy hitters in the sector that gathered for the meeting.

Minister of Health Rona Ambrose applauded the participants with an enthusiastic opening address. Our hope—and slogan for the day—was "Not just a day: A Longterm Action Plan for Canadian Health and Fitness". As Chris Jones, CEO of Physical and Health Education Canada, put it, "This Roundtable is proof of the fact that we all now urgently recognize that a cross-sector, public-private-NGO partnership is the only way to meaningfully tackle inactivity, screen addiction and declining sport participation rates among children and youth."

［74］ http: //www.nhfdcan.ca.

［75］ Lori Ewing, "Michelle Stilwell savours sixth gold medal of illustrious Paralympic career after winning again in Rio", *National Post*, Sept.17, 2016. http: //news.nationalpost.com/sports/rio-2016/ michelle-stilwell-savours-sixth-gold-medal-of-illustrious-par a-lympic-career-after-winningagain-in-rio.

［76］ The Senate Committee on Social Affairs, Science and Technology stated that the Federal Government is not acting quickly enough to combat the growing problem of obesity (Joanna Smith, "Senate committee says Ottawa too vague on timeline to act on obesi-ty report", Canadian Press, Aug 19, 2016). The Committee, which includes B.C. Senator and 1968 Olympic Gold Medallist Nancy Greene Raine, expressed its concerns in a news release, calling on the Government to be more proactive in dealing with Canada's epi-demic of overweightness and obesity. The same Committee concluded in its March 2016 Obesity Report that this epidemic claims the lives

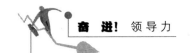

of between 48000 and 66000 Canadians each year（Obesity in Cana-da：A Wholeof-Society Approach for a Healthier Canada）. http：// www.parl.gc.ca/content/sen/committee/421/SOCI/Reports/2016-02-25_ Revised_report_Obesity_in_Canada_e.pdf.

　　［77］ http：//www.bikeleague.org.